Yagyu Munenori
Der Weg des Samurai

PIPER

Zu diesem Buch

»Wichtig ist zu gewinnen, indem du deinen Gegner den ersten Schlag vollführen läßt« – ein Grundsatz, der bis heute aktuell ist und bereits im 17. Jahrhundert des alten Japan geschrieben wurde. In kurzen Kapiteln vermittelt der legendäre Schwertkunstmeister Yagyu Munenori Wahrheiten, die immer noch Gültigkeit besitzen. Sein Vermächtnis, einst Geheimwissen, das von Generation zu Generation weitergegeben wurde, liest sich als spiritueller Leitfaden für unser heutiges Leben: Denn der Samurai siegt über den Gegner, ohne zu kämpfen. Er kennt den richtigen Zeitpunkt des Handelns, kann Chancen für sich nutzen, findet überraschende Wege, und sein Herz ist offen. »Der Weg des Samurai« schult das strategische Denken und die perfekte Harmonie von Körper und Geist – denn ein befreiter Geist führt zu einem mutigen Umgang mit sich selbst und mit den täglichen Konflikten.

Yagyu Munenori, 1571 geboren und 1646 gestorben, war einer der angesehensten japanischen Meister der Schwertkunst seiner Zeit. Vom Zen-Buddhismus, Taoismus und Konfuzianismus beeinflußt, hinterließ er – wie Miyamoto Musashi das »Buch der fünf Ringe« – seine Lehren schriftlich und schuf damit ein Grundlagenwerk des strategischen Handelns.

Yagyu Munenori

Der Weg des Samurai

Anleitung zum strategischen Handeln

Herausgegeben von
Hiroaki Sato

Aus dem Amerikanischen von
Guido Keller

PIPER

Mehr über unsere Autorinnen, Autoren und Bücher:
www.piper.de

Inhalte fremder Webseiten, auf die in diesem Buch
hingewiesen wird, macht sich der Verlag nicht zu eigen.
Eine Haftung dafür übernimmt der Verlag nicht.
Wir behalten uns eine Nutzung des Werks für Text und
Data Mining im Sinne von § 44 b UrhG vor.

Ungekürzte Taschenbuchausgabe
ISBN 978-3-492-23631-7
1. Auflage Februar 2004
9. Auflage August 2024
© Hiroaki Sato 1985
Titel der amerikanischen Originalausgabe:
»The Sword and the Mind«, The Overlook Press,
New York 1986
© der deutschsprachigen Ausgabe:
Piper Verlag GmbH, München,
erschienen im Verlagsprogramm Kabel 2002
Umschlagabbildung: Utamaro / Christie's Images / Corbis
Satz: Eberl & Koesel Studio GmbH, Krugzell
Gesetzt aus der Stempel Garamond
Druck und Bindung: CPI books GmbH, Leck
Printed in the EU

Was in diesen drei Büchern aufgezeichnet ist, darf dieses Haus nicht verlassen. Doch damit soll diese Schule der Schwertkampfkunst nicht zu einem Geheimnis gemacht werden. Die Aufzeichnung wurde vielmehr für diejenigen erstellt, die sich einer Übertragung als würdig erweisen.[1] Ohne Übertragung wären diese Bücher überflüssig. Mögen meine Nachfolger dies im Gedächtnis behalten.

Einleitung

»Möge dein Geist vor jeder Entscheidung klar wie ein Gebirgsbach sein« – ein Grundsatz, der bis heute aktuell ist und doch im 17. Jahrhundert des alten Japan geschrieben wurde. In kurzen Kapiteln vermittelt der legendäre Schwertkunstmeister Yagyu Munenori in seinem Buch *Der Weg des Samurai*, dem *Heihô Kaden Sho*, Wahrheiten, die immer noch Gültigkeit besitzen.

Der Samurai Yagyu Munenori (1571–1646) erhielt seine Ausbildung von seinem berühmten Vater Muneyoshi und wurde Anfang des 17. Jahrhunderts aufgrund seiner Verdienste in der Schlacht von Sekigahara zum offiziellen Schwertkampflehrer des Shoguns Tokugawa Ieyasu. Er avancierte zu einem der berühmtesten Schwertkunstmeister seiner Zeit.

Im Jahre 1632 verfaßte er das vorliegende Buch *Heihô Kaden Sho, Der Weg des Samurai*, in das nicht nur seine Erfahrung aus zahlreichen Kämpfen einfloß, sondern auch die Weisheiten des Zen-Buddhismus und seines Meisters Takuan Soho.

Munenoris Schrift entstand elf Jahre vor Miyamoto Musashis Klassiker *Das Buch der fünf Ringe*. Sie enthält konkrete strategische Anleitungen für die Bewältigung von Konflikten, Hinweise für das Vorausahnen und Vermeiden von Spannungen sowie schließlich die lange geheim gehaltenen Techniken, eine Auseinandersetzung mit bloßen Händen zu gewinnen, ohne den Gegner vernichten zu müssen.

Munenoris Vermächtnis, einst Geheimwissen, das von Generation zu Generation weitergegeben wurde, liest sich als spiritueller Leitfaden für alle Lebenslagen: Denn der Samurai siegt über jeden Gegner, ohne zu kämpfen. Er kennt den richtigen Zeitpunkt des Handelns, er findet überraschende Wege, und sein Herz ist offen.

Damit ist das *Heihô Kaden Sho* nicht nur eine Anleitung zur Technik der Schwertkampfkunst, speziell der Shinkageryu-Schule, die noch heute existiert, sondern vor allem eine Anleitung für die innere Haltung des Kriegers, die in äußerster Vollendung zum Sieg ohne Kampf führt.

Der Weg des Samurai schult das strategische Denken und die perfekte Harmonie von Körper und Geist – denn ein befreiter Geist führt zu einem mutigen Umgang mit sich selbst, mit täglichen Konflikten und schwierigen Lebenssituationen auch in unserer heutigen Lebensweise.

Buch 1:
Die zweischneidige Klinge[2]

Waffen sind unheilbringende Gegenstände

In der Vergangenheit sagte man: »Waffen sind unheilbringende Gegenstände. Der Weg des Himmels haßt sie. Sie zu gebrauchen, wenn es keinen anderen Ausweg mehr gibt – das ist der Weg des Himmels.«[3]

Dies sagt aus, daß Bogen und Pfeile, das Schwert und die Lanze Waffen sind und gleichzeitig verhängnisvolle und unheilbringende Gegenstände. Während der Weg des Himmels nach dem Erhalt von Leben strebt, wählen Waffen den Tod. Der Weg des Himmels haßt sie also, weil sie sich gegen ihn wenden.[4]

Das Große Lernen ist das Eingangstor für den Anfänger[5]

Um ein Haus zu betreten, mußt du zuerst durch die Eingangstür schreiten. Diese Tür ist der Weg ins Haus. Nachdem du sie durchschritten hast, bist du im Haus und begegnest seinem Meister.

Lernen ist das Tor zum Weg. Bist du hindurchgeschritten, erreichst du den Weg. Lernen ist das Tor, nicht das Haus. Verwechsle nicht das Tor mit dem Haus. Das Haus liegt hinter dem Tor. Weil Lernen das Tor ist, glaube bloß nicht, daß die Bücher, die du liest, den Weg darstellen. Bücher sind ein Tor, um den Weg zu erlangen.

Es gibt diejenigen, die hinsichtlich des Weges im Dunkeln bleiben, egal, wie viel sie studieren und wie viele Schriftzeichen sie lernen. Sie mögen die Klassiker so mühelos lesen als wären sie Texte von alten Gelehrten, doch weil sie sich bezüglich der Wahrheit im Dunkeln befinden, können sie den Weg nicht zu ihrem eigenen machen.

Dennoch ist es schwer, den Weg ganz ohne Lernen zu erlangen. Zugleich mag jemand, der fleißig studiert hat und elegant reden kann, den Weg nicht erleuchtet haben.

Dann wiederum gibt es jedoch jene, die auf natürliche Weise dem Weg gemäß leben, ohne irgend etwas studiert zu haben.

Erschöpfe dein Wissen und meistere alles[6]

Im »Großen Lernen« heißt es: »Erschöpfe dein Wissen und meistere alles.« Dein Wissen zu erschöpfen bedeutet alles zu wissen, was gemeinhin in der Gesellschaft an Wissen vorhanden ist, und ebenso das Prinzip von allem, was existiert, zu kennen und nichts im Unwissen zu belassen. Alles zu meistern bedeutet, daß es dann, wenn du einmal das Prinzip von allem verstanden hast, nichts mehr gibt, was du nicht wüßtest und nichts, was du nicht tun könntest. Wenn du alle Dinge erschöpft hast, die man wissen kann, hast du auch alle Dinge gemeistert, die man tun kann. Wenn nicht, kannst du gar nichts tun.

Wenn du etwas nicht weißt, hast du diesbezüglich Zweifel. Weil du zweifelst, verläßt dieses Etwas deinen Geist nicht mehr. Wenn das Prinzip dieses Etwas klar ist, wird nichts in deinem Geist zurückbleiben. Das bedeutet das Erschöpfen allen Wissens und Meistern aller Dinge.

Wenn nichts in deinem Geist zurückbleibt, kann alles

ganz leicht getan werden. Du lernst den Weg aller Dinge, um alles beiseite zu schieben, was in deinem Geist sein könnte. Zuerst hast du keine Zweifel oder ähnliches in deinem Geist, weil du ja nichts weißt. Erst nachdem du angefangen hast zu lernen, tauchen Inhalte in deinem Kopf auf, die dich davon abhalten, die Dinge mit leichter Hand zu tun.

Wenn aber das, was du gelernt hast, deinen Geist vollständig verläßt, verschwinden auch Formen und ähnliches. Und wenn du nun jede Fähigkeit auf ihrem eigenen Gebiet ausübst, wird sie dir unabhängig von ihrer Form ganz leicht fallen. Ohne die Form zu verletzen wirst du sie unbewußt richtig ausführen.

Das gleiche gilt für die Schwertkampfkunst. Nachdem du hundert Schwertpositionen und jede mögliche Körper- und Augenstellung oder Form gelernt hast, gelangt die Übung in ein Stadium, in dem du alles Wissen erschöpft hast.

Wenn du alle Formen erschöpft hast und sie aufhören, in deinem Geist zu existieren, dann hast du die Stufe erlangt, auf der du alles meisterst. Wenn du all die verschiedenen Formen erschöpft und durch Übung und Praxis Fertigkeiten angesammelt hast, entstehen Bewegungen in deinen Armen, in deinen Beinen und in deinem Körper, nicht in deinem Geist. Was immer du tust, du tust es frei, unabhängig von Formen, doch ohne sie zu verletzen.

Wenn du diesen Punkt erlangst, weißt du nicht, wo sich dein Geist befindet – selbst der himmlische Dämon oder ein Häretiker wäre nicht in der Lage zu sagen, wo dein Geist sich befände. Die Formen existieren, damit man ein solches Stadium erreichen kann. Bist du dort angekommen, werden sie aufhören zu existieren.

Dies ist das letztgültige Ende aller Schulungen. Die letzte Stufe jeder Erziehung ist diejenige, auf der du vergißt, was du gelernt hast, deinen Geist abwirfst und alles vollendest, was du anfängst, ohne dir dessen bewußt zu sein. Du beginnst beim Lernen und erreichst schließlich den Punkt, wo Lernen nicht mehr existiert.

Der innere und der äußere Geist[7]

Der Teil der mentalen Zusammensetzung, der sich innen befindet und detaillierte Pläne entwickeln kann, wird innerer Geist genannt; der Teil, der diese Pläne ausführt, äußerer Geist. Der innere Geist kann mit dem Meister verglichen werden, der äußere mit seinem Diener. Der innere Geist bleibt innen und benutzt den äußeren Geist. Wenn letzterer überarbeitet ist, kommt er ins Stocken. Du mußt den äußeren Geist mit dem inneren verbinden, damit er nicht davongetragen werden kann.

In der Sprache der Schwertkampfkunst bedeutet das, das Aufrichten deines Körpers unterhalb der Hüfte könnte als innerer Geist, der tatsächliche Austausch von Schlägen im Kampf als äußerer Geist bezeichnet werden. Halte den äußeren Geist unter enger Kontrolle deines Körpers unterhalb der Hüfte. Erlaube ihm nicht, eine ungestüme Angriffsstellung einzunehmen. Es ist überlebenswichtig, ruhig zu bleiben, indem du deinen inneren Geist den äußeren zurückziehen läßt und ersterem nicht erlaubst, vom äußeren Geist bestimmt zu werden.

Täuschen

Listen sind die Grundlage der Schwertkampfkunst. Mit List bezeichne ich die Strategie, Wahrheit durch Täuschung zu erlangen. Wenn du die Täuschungsmanöver deines Gegners spürst, aber dennoch angreifst, wirst du verlieren.

Wenn es sich um deine eigene List handelt, du angreifst und er darauf reagiert, kannst du ihm eine Niederlage beibringen. Wenn sich herausstellt, daß er sich nicht täuschen läßt, greife nochmals an. Dann wird die Nicht-Täuschung deines Gegners dazu führen, daß er doch noch unterliegt.

Im Buddhismus wird das als Parabel[8] bezeichnet. Obgleich du im Innern die Wahrheit verbirgst und nach außen deine List ausführst, werden alle Täuschungen zu Wahrheiten, wenn du deinen Gegner am Ende erfolgreich auf den wahren Weg ziehst. Im Shintoismus wird das als Mysterium bezeichnet; durch seine Eigenschaft, verborgen zu bleiben, veranlaßt es die Menschen zu glauben. Wenn jemand glaubt, entstehen Wohltaten.

Beim Militär wird das Strategie genannt. Obwohl Strategeme Täuschungen sind, wird eine Täuschung am Ende zur Wahrheit, wenn du durch sie gewinnst, ohne deinen Gegner zu verletzen. Das ist gemeint mit dem Ausspruch: »Verwirre, um Frieden zu erlangen.«[9]

Trommle aufs Gras und überrasche die Schlange

»Trommle aufs Gras und überrasche die Schlange« – so heißt ein Zen-Spruch.[10] So wie du die Schlange überraschst, wenn du auf das Gras trommelst, in dem sie liegt, sollte es deine Absicht sein, deinen Gegner erst einmal und dann noch einmal zu überraschen.

Etwas zu tun, womit dein Gegner nicht im Traum gerechnet hat, ist das Täuschen der Schwertkampfkunst. Verblüfft und seines Kampfgeistes beraubt wird er seine Verteidigung vernachlässigen. Deinen Fächer[11] oder nur deine Hand zu heben mag schon seinen Kampfgeist schwächen. Auch dein Schwert gelegentlich hin- und herzuschwingen gehört zur Schwertkampfkunst.

Hast du einmal das Stadium des »Nicht-Schwertes« erlangt, wirst du dir ums Schwert keine Gedanken mehr machen. Das Schwert deines Gegners wird dann zu deinem. So funktioniert »die Chance nutzen, bevor sie auftaucht«.

Die Chance nutzen, bevor sie auftaucht

Dies bedeutet: bevor dein Gegner seine Chance bekommt. »Chance« ist hier das gleiche wie »Geist«[12] – der Geist, den er für sich behält. Die Chance zu nutzen, bevor sie auftaucht, bedeutet, den gegnerischen Geist sorgfältig zu beobachten und eine passende Bewegung zu machen, bevor er sich zu einer eigenen entschließt. Wie der Ausdruck »Zen-Chance« belegt, wird das häufig im Zen praktiziert.

»Chance« ist der Geist, der verborgen und nicht offenbart

wird. Er mag mit dem *kururu* verglichen werden, dem Hilfsmittel zum Öffnen und Schließen einer Tür, das an der Innenseite derselben angebracht ist.

Eine Bewegung zu machen, nachdem man sorgsam den Geist beobachtet hat, der innerlich verborgen und nicht offenbart wird und darum schwer zu erkennen ist – das wird das Strategem des Nutzens einer Chance, bevor sie auftaucht, genannt.

Ken-Tai: Angriffs- und Wartestellung

ken ist ein sofortiger Angriff, den du konzentriert und kraftvoll in dem Augenblick startest, in dem der Kampf beginnt, damit du den ersten Treffer landest. Das *ken*-Stadium des Geistes ist das gleiche, ob es dich oder deinen Gegner kennzeichnet. *tai* heißt sich zurückzuhalten, also nicht zuerst zu schlagen, sondern den Angriff des Gegners abzuwarten. Dies erfordert, daß du selbst äußerst wachsam sein mußt. Folglich bedeutet der Ausdruck *ken-tai* sowohl Angreifen als auch Warten.

Das Prinzip von *ken-tai* existiert in deinem Körper und deinem Schwert. Du kannst deinen Körper nahe an den des Gegners bringen, während du dein Schwert zurückhältst. Nachdem du deinen Körper zum Köder gemacht hast, könnte dein Gegner angreifen, und du könntest so gewinnen. Hier befindet sich dein Körper in einer *ken*-Stellung, dein Schwert in einer *tai*-Stellung. Deinen Körper in eine *ken*-Stellung zu bringen hat zum Ziel, deinen Gegner zum ersten Schlag zu verleiten.

ken-tai existiert in deinem Körper und deinem Geist. Bringe deinen Geist in eine Warte-, deinen Körper in eine Angriffsstellung. Wenn dein Geist eine Angriffsposition einnimmt, wird er den Dingen vorauseilen und nichts erreichen. Also mußt du deinen Geist zurückhalten und dadurch gewinnen, daß du deinen Körper in Angriffshaltung versetzt und den Gegner den ersten Schlag machen läßt.

Wenn dein Geist dagegen eine Angriffsstellung einnimmt, wirst du zuerst versuchen, deinen Gegner zu schlagen – ein sicherer Weg, den Kampf zu verlieren. Andererseits ist es gleichwohl möglich, deinen Geist in Angriffs- und deinen Körper in Wartestellung zu bringen.

Auf diese Art kannst du deinen Geist wachsam halten und deinen Gegner zum Erstschlag verführen, indem du dein Schwert zurückhältst. Bei all dem betrachte den Körper als die Hände, die das Schwert halten.

ken-tai funktioniert in beide Richtungen, doch letztlich bedeuten beide das gleiche. Wichtig ist zu gewinnen, indem du deinen Gegner den ersten Schlag vollführen läßt.

Maßnahmen, wenn der Gegner eine Angriffsstellung einnimmt

Beachte die folgenden drei Punkte bei deinem Gegner:
- seine Fäuste
- den Teil seiner beiden Arme, der gebeugt oder gestreckt ist
- seine Brust, besonders zwischen den Schultern.

Die Einzelheiten hierzu sollen mündlich erklärt werden.
Bereite dich darauf vor, eine der beiden folgenden Stellun-

gen einzunehmen, die bestimmte Haltungen und Schwert-positionen zur Folge haben:

- »naher und ferner Schlag«
  (Mitsuyoshi: »Diese Stellung wird gegen jemanden be-nutzt, der konzentriert und kräftig oder plötzlich angreift; um nicht mit solch extremer Aggressivität zusammenzu-stoßen, behältst du einen offenen Stand bei und gewinnst.«)
- »Panzerplatte«[13]
  (Mitsuyoshi: »Ein Versuch, deinen Gegner davon abzu-halten, dich im selben Augenblick anzugreifen, in wel-chem du nach ihm schlägst.«)

Die folgenden fünf Punkte betreffen deinen Körper und dein Schwert. Sie müssen alle in wirklichen Übungen erlernt werden, denn sie schriftlich zu erklären ist schwierig:

- aus deinen Fäusten ein Schild machen
- deinen Körper seitlich zum Gegner halten
- deine Schultern auf die gleiche Höhe wie die Fäuste deines Gegners bringen
- dein hinteres Bein in einer offenen Stellung halten
- dein Schwert genau so halten, wie der Gegner seines hält.

Du mußt dir, bevor du dich deinem Gegner stellst, viele Ge-danken über die Haltung deines Körpers unterhalb der Hüfte machen und dich in höchste Wachsamkeit versetzen, damit du nicht nervös wirst, wenn der Kampf im Gange ist. Das ist entscheidend. Wenn du deinem Gegner nachlässig und ohne mentale Vorbereitung unter die Augen trittst, wirst du nicht einmal in der Lage sein, grundlegende For-men anzuwenden.

Maßnahmen, wenn der Gegner eine Wartestellung einnimmt

Beachte folgende drei Punkte bei deinem Gegner:
- seine Fäuste
- den Teil seiner Arme, der gebeugt oder gestreckt ist
- seine Brust, besonders zwischen den Schultern.

Diese Punkte müssen nicht nur in der Warte-, sondern auch in der Angriffsstellung bedacht werden, sie sind wesentlich. Wenn du einen Schlag führst, achte besonders auf die Arme des Gegners; bei wechselseitigen Schlägen im Nahkampf auf seine Brust. Unter normalen Umständen sind seine Fäuste der Fixpunkt, von dem du deine Augen nicht abwenden solltest.

Drei Taktiken

tsuke, kake, narai no kakari – diese drei Finten können deinen Gegner provozieren, wenn seine Pläne schwer zu ergründen sind. Versuche dennoch, seine Absichten zu begreifen. Nutze jeden dieser Kniffe und ihre subtilen Abwandlungen – genauso wie das Täuschen – bei einem Gegner, der sich in einer Wartestellung verschanzt. Zwinge ihn zu einer Bewegung und trage den Sieg davon.

Folge dem Wandel, gehorche dem Wandel[14]

Ein Gegner in Wartestellung muß irgendwann seine Position ändern, wenn du ihm selbst eine Serie von Veränderungen zeigst. Seinem Wandel folgend, wirst du gewinnen.

Tue so, als würdest du nicht sehen

Während du deinen Gegner, der sich in Wartestellung befindet, mit einer Serie von Täuschungen konfrontierst, beobachtest du seine Bewegungen; dabei tust du aber so, als würdest du gar nicht genau hinsehen, beobachtest ihn freilich weiterhin genau. Stets aufmerksam, fixierst du deine Augen nicht auf eine Stelle, sondern bewegst sie ständig und nimmst das Wichtigste mit schnellen Blicken wahr.

In einem chinesischen Gedicht heißt es: »Indem sie vorgibt, nichts zu bemerken, entkommt die Libelle dem Würgevogel.« Gleichermaßen mußt du ständig die gegnerischen Bewegungen beobachten, während du deine eigenen wachsam vollführst. Der Sarugaku-Zweig des *Nô*-Theaters kennt eine Technik namens *futame zukai* – »zwei flüchtige Blicke nutzen«. Dabei wirft der Darsteller einen kurzen Blick auf etwas und schaut dann wieder weg; er schaut also nicht ständig hin.

Laß dich schlagen, um zu gewinnen

Wenn dein Gegner zuschlagen will, laß ihn das tun; laß ihn schlagen, dann gewinne.

Es ist leicht, deinem Gegner einen einzelnen Hieb zu verpassen. Schwierig dagegen ist, von deinem Gegner nicht getroffen zu werden. Selbst wenn der Gegner nach dir schlägt, um dich zu töten, mußt du deshalb nicht überrascht sein und kannst ihn das tun lassen, solange du dir klar darüber bist, daß die Schlagdistanz groß genug ist. Der Gegner mag glauben, daß er dich treffen kann, doch es gelingt ihm nicht, weil er zu weit weg ist.

Das Schwert, das nicht trifft, ist ein totes Schwert. Plötzlich springst du vor, triffst und gewinnst. Der erste Schlag des Gegners verfehlt und ermöglicht dir, ihn zuerst zu treffen.

Nach deinem ersten Schlag darfst du ihm nicht einmal erlauben, auch nur die Hände zu heben. Solltest du zögern, nachdem du bereits getroffen hast, wird der zweite Schlag deines Gegners dich treffen. Ein Zögern in diesem Moment bedeutet eine Niederlage. Wenn dein Geist an der Stelle verharrt, an der du getroffen hast, wirst du von deinem Gegner geschlagen werden; so wird dein erster Treffer nutzlos sein.

Solange du geschlagen hast, denke nicht darüber nach, ob du den Gegner auch getroffen hast. Schlage zum zweiten, dritten, vierten und fünften Mal zu. Gestatte deinem Feind nicht einmal, sein Gesicht zu erheben. Über den Sieg entscheidet der erste Schlag.

Drei Arten des Taktschlagens

Wenn du und dein Gegner zur gleichen Zeit treffen[15] – das ist ein Taktschlag. Den Gegner von unten zu treffen, wenn er sein Schwert erhebt – das ist ein weiterer. Den Gegner von oben zu treffen, wenn er sein Schwert senkt – das ist noch ein Taktschlag.

Wir halten es für schlecht, beim Kampf zu harmonieren, und für gut, nicht in Einklang zu sein. Wenn du und dein Gegner harmonieren, kann er sein Schwert besser einsetzen.

Du mußt aber derart zuschlagen, daß es für deinen Gegner schwer wird, sein Schwert ordentlich einzusetzen. Von oben oder von unten mußt du so schlagen, daß deinem Gegner keine Zeit bleibt. In den meisten Fällen ist es schlecht, wenn du dich darauf einläßt, mit dem Gegner in Einklang zu sein.

Langsamer und schneller Taktschlag[16]

Wenn der Gegner sein Schwert in einem langsamen Takt bewegt, mußt du einen schnellen anwenden. Wählt der Gegner einen schnellen Takt, mußt du dein Schwert in einem langsamen führen. Auch hier sollst du dein Schwert wieder so benutzen, daß du mit deinem Gegner nicht in Einklang stehst. Denn wäre das der Fall, könnte der Gegner sein Schwert erfolgreich einsetzen.

Ein fortgeschrittener *Nô*-Sänger rezitiert außerhalb des Taktes, weshalb ein unerfahrener Trommler, der ihn begleiten soll, sein Instrument nicht richtig schlagen kann. Wenn ein Meistersänger mit einem Anfängertrommler gepaart wird oder ein fortgeschrittener Trommler mit einem unerfahrenen Sänger, wird es schwer sein zu rezitieren oder die Trommel zu schlagen. Geschieht solches im Schwertkampf, spricht man davon, daß langsamer Taktschlag auf schnellen trifft und schneller Taktschlag auf langsamen.

Rezitiert ein Amateursänger langsam, kann ein professioneller Trommler nicht schnell spielen, wie unbeschwert er auch sein mag. Rezitiert ein erfahrener Sänger dagegen auf heitere Art, so kann ein unerfahrener Trommler nicht folgen.

Ein erfahrener Vogelspießer[17] zeigt dem Vogel seine langsam schwenkende Lanze aus der Distanz und gleitet, sobald er sich genähert hat, schnell auf den Vogel zu, um ihn zu fangen. Der Vogel, der vom Schwenkrhythmus des Speeres verzaubert ist, flattert und flattert mit seinen Flügeln und versucht vergeblich davonzufliegen. Der Punkt ist, sich nicht in Harmonie mit dem Gegner zu begeben. Erst ohne Einklang kannst du voranschreiten. Du mußt selbst über solche Dinge nachsinnen.

Den Rhythmus am Anfang verstehen

Wenn ein Darsteller beim Tanzen oder Rezitieren den anfänglichen Rhythmus nicht versteht, wird es unmöglich sein, ihn zu begleiten.

Auch in der Schwertkampfkunst gibt es so etwas wie den Anfangsrhythmus. Du mußt richtig erfassen, wie dein Gegner sein Schwert benutzen und welche Taktiken er anwenden könnte, damit du seine zugrundeliegende Absicht durchschaust. Wenn du das tust, bist du wie ein *Nô*-Tänzer oder -Sänger, der mit dem Anfangsrhythmus wohl vertraut ist. Wenn du einmal Bewegungen und Verhalten deines Gegners kennst, kannst du frei mit ihm umgehen.

Sechs Annäherungen

- Schlage zurück, wenn der Gegner zuschlägt.
- Ein Unterschied von drei Zoll (circa 7,5 Zentimeter). (Mitsuyoshi: »Wenn sich zwei Kämpfer mit gekreuzten

Schwertern gegenüberstehen, wird dem der Sieg gehören, der sein Schwert vor dem anderen um drei Zoll nach vorn bewegt.«)

- Begib dich in eine Distanz, die der Körpergröße des Gegners entspricht.
- Achte auf die Ellbogen des Gegners, wenn er sein Schwert erhöht hält.
- Wenn eine rotierende Bewegung[18] vollzogen wird, achte auf den Teil des Griffes zwischen den beiden Fäusten, die das Schwert halten.
- Eine Distanz von 90 Zentimetern.[19]
  (Mitsuyoshi: »Du mußt dich darauf konzentrieren, deinem Gegner so nahe zu kommen, daß der Abstand von der Spitze deines vorderen Fußes zu seinem vorderen Fuß 90 Zentimeter oder weniger beträgt ... Wenn die Distanz größer ist, wirst du deinen Gegner nicht treffen können.«)

Diese sechs Annäherungen müssen gelernt und in tatsächlichen Übungen mit deinem Meister mündlich erklärt werden. Darum werden sie hier nicht weiter schriftlich ausgeführt.

Wenn trotz deiner anfänglichen Finten und Täuschungen der Gegner in Wartestellung verbleibt, ohne den ersten Angriff zu starten, mußt du dich in die 90-Zentimeter-Zone begeben und dem Gegner näher kommen. Wenn er sich dann nicht mehr zurückhalten kann und eine Angriffsstellung einnimmt, erlaube ihm den ersten Schlag und triff ihn genau dann, wenn er ihn führt.

Solange dein Gegner nicht als erster zuschlägt, wirst du nicht in der Lage sein zu gewinnen. Und solange du nicht lernst, einen Treffer einzustecken, wenn dein Gegner als erster schlägt, kannst du ihm nicht erlauben, dich zu schlagen.

Du mußt hart üben, um diese Dinge zu meistern, damit du dich furchtlos auf deinen Gegner zubewegen kannst, ihn dich schlagen läßt und gewinnst. Diese Haltung wird *sensen*[20] genannt.

Weitere vier Annäherungen

- *taikyoku* oder »Große Täuschung«[21] zusammen mit »Anfangsbewegungen« ist mündlich zu überliefern.
- *zanshin* oder »Zu jeder Zeit Geistesgegenwart bewahren«, sowohl in *ken*- als auch in *tai*-Stellungen anwendbar, ist mündlich zu überliefern.
- Dem Kurzschwert eine Schulter breit[22] ausweichen.
- *ken-tai* beim Ergreifen der Initiative; erinnere dich daran, den Körper in Angriffs-, das Schwert in Wartestellung zu halten.

Keine einzige dieser Techniken kann beherrscht werden, wenn sie nicht ein Meister anhand tatsächlicher Übungen mündlich erklärt. Diese vier Annäherungen sind schriftlich nur schwer zu beschreiben.

Dem Geräusch von Wind und Wasser lauschen

Was auch immer sonst behauptet wird, der springende Punkt in der Schwertkampfkunst ist, durch Täuschen und mittels verschiedener Bewegungen und ständiger Veränderungen den Gegner zum ersten Schlag zu verführen und so zu gewinnen. Bevor der Kampf beginnt, mußt du annehmen, daß der Gegner eine Angriffsstellung einnehmen wird und darfst daher niemals unaufmerksam werden. Es ist entscheidend, die untere Hälfte deines Körpers bereitzuhalten.

Wenn du noch nicht fähig bist zu erwarten, daß der Gegner eine Angriffsstellung einnehmen wird, und wenn er dich zu Beginn des Kampfes sofort mit einer schnellen Folge von Bewegungen angreift, wirst du weder in der Lage sein, dich zu bewegen, noch wirst du anwenden können, was du dir in täglicher Übung angeeignet hast.

Nach Beginn des Kampfes ist es wesentlich, deinen Geist, Körper und die Beine in einer Angriffsstellung und deine Hände in Wartestellung zu belassen. Schenke den Bewegungen der Augen deines Gegners besondere Beachtung. Es heißt sogar, daß du sie zu deinen eigenen machen mußt. Solange du den Augenbewegungen deines Gegners nicht mit absoluter Ruhe folgen kannst, wird nichts, was du über den Gebrauch des Schwertes gelernt hast, von Nutzen sein.

Dem Geräusch von Wind und Wasser zu lauschen bedeutet, äußerlich Ruhe und innerlich Kampfgeist zu bewahren.[23] Der Wind selbst hat keine Stimme, er macht nur dann ein Geräusch, wenn er auf etwas trifft. Wenn er hoch oben bläst, ist er lautlos. Berührt er jedoch unten auf der Erde Bäume,

Bambus und tausende andere Dinge, wird seine Stimme laut und geschäftig.

Auch das Wasser hat kurz nach seinem Quellsprung keine Stimme. Wenn es aber weiter unten im Flußlauf etwas berührt und sich sammelt, werden seine Geräusche deutlich umtriebiger. Das ist eine Metapher für: »Bewahre äußerlich Ruhe und innerlich Kampfgeist.« Sie bedeutet, äußerlich ruhig, unaufgeregt und gelassen zu bleiben und innerlich einen hellwachen Kampfgeist zu bewahren.

Es ist schlecht, einen geschäftigen Körper und unruhige Glieder zu haben. Die *ken-tai*-Stellungen müssen innerlich wie äußerlich erhalten bleiben. Es ist ungünstig, nur den einen oder anderen Stand einzunehmen.

Versuche, einen Geisteszustand aufrechtzuerhalten, in dem sich Yin und Yang ständig abwechseln. Bewegung ist Yang; Ruhe ist Yin. Yin und Yang müssen sich getrennt voneinander manifestieren, innen wie außen. Wenn Yang nach innen tritt, muß das Innere ruhig und Yin sein. Wenn Yin innen ist, erscheint außen Bewegung.

Genauso kannst du in der Schwertkampfkunst deinen Geist arbeiten und aufmerksam sein lassen, während dein Körper unaufgeregt und gelassen bleibt.

Diese Yang-Bewegung innen und das Yin außen folgen dem Prinzip des Himmels. Wenn das Äußere sich in scharfer Angriffsstellung befindet, mußt du versuchen, den Geist innen davor zu bewahren, vom Äußeren mitgerissen zu werden; denn bleibt das Innere ruhig, wenn das Äußere sich in Angriffsstellung befindet, wird das Äußere nicht verwirrt werden. Wenn aber sowohl Äußeres wie Inneres in Bewegung sind, entsteht ein Durcheinander. Schaffe ein unterschiedliches Äußeres und Inneres: *ken* im Gegensatz zu *tai*, Bewegung gegenüber Ruhe.

So wie ein Wasservogel, der auf dem Wasser mitfließt, äußerlich ruhig wirkt, während er seine schwimmhäutigen Füße unter der Oberfläche heftig bewegt, muß der innere Geist wachsam bleiben. Wenn du deine Übung auf diese Weise fortsetzt, werden der innere und der äußere Geist in einen verschmelzen, und der Unterschied zwischen beiden wird verschwinden.

Diesen Zustand zu erlangen ist das letzte aller Ziele.

Krankheiten

Es gilt als Krankheit, vom Gedanken an den Sieg besessen zu sein. Es ist ebenfalls eine Krankheit, die eigene Schwertkampfkunst einsetzen zu wollen. Gleichermaßen ist es krank, wenn du alles nutzen willst, was du einmal gelernt hast, und wenn du vom Gedanken besessen bist, anzugreifen.

Freilich ist auch dies eine Krankheit: Vom Gedanken besessen zu sein, sich von diesen Krankheiten befreien zu müssen. Eine Krankheit bedeutet hier den besessenen Geist, der an einem Ding haftet. Weil all diese Krankheiten in deinem Geist existieren, mußt du sie loswerden, um ihn zu ordnen.

Zwei Stufen, um Krankheiten loszuwerden

Die Einführungsstufe[24]

»Ein Wunsch entsteht und hört wieder auf zu existieren. Ein Anhaften entsteht und hört wieder auf zu existieren.«[25] Diese Beobachtung kann so erklärt werden:

Der Gedanke, sich selbst von einer Krankheit zu befreien, ist ein Wunsch. Wenn der Gedanke auftaucht, entsteht der Wunsch. Die Krankheit besteht hier in einem einzigen obsessiven Wunsch. Doch der Gedanke, sich von ihr zu befreien, ist selbst ein Wunsch. Also versucht jemand, sich durch einen Wunsch von einem Wunsch zu trennen. Wenn man den Wunsch los ist, hört er auf zu existieren. Darum heißt es: »Ein Wunsch taucht auf und hört wieder auf zu existieren.«

Wenn die Krankheit, die in einem Wunsch zurückbleibt, mittels eines Wunsches beseitigt wird, dann hören sowohl der Wunsch, die Krankheit loszuwerden, als auch der Wunsch, sie los zu sein, auf zu existieren. Das wird durch das Sprichwort ausgedrückt: »Beseitige einen Keil mit Hilfe eines Keils.« Wenn ein Keil nicht herausgezogen werden kann, kannst du ihn herausbekommen, indem du mit einem anderen Keil seitlich daraufschlägst und ihn so lockerst. Ist der erste Keil heraus, wird auch der zweite, der hineingeschlagen wurde, nicht zurückbleiben.

Gleichermaßen wird der Wunsch, eine Krankheit loszuwerden, nicht zurückbleiben, ist man diese erst einmal los. Der Wunsch, eine Krankheit loszuwerden, entsteht durch ein Anhaften an der Krankheit; doch ist diese verschwunden, wird auch kein Anhaften zurückbleiben. Daher die Beobachtung: »Ein Anhaften entsteht und hört wieder auf zu existieren.«

Die letzte Stufe

Auf der letzten Stufe hilft es, keinerlei Gedanken daran zu hegen, eine Krankheit loswerden zu wollen, um diese zu beseitigen. Der Gedanke, eine Krankheit loswerden zu wollen, ist selbst eine Krankheit. Wenn es dir gelingt, dich selbst einer Krankheit zu überlassen und völlig in ihr zu verweilen, bist du sie bereits los. Du denkst daran, eine Krankheit loszuwerden, weil sie noch da ist, nämlich in deinem Geist verbleibt. Auf dieser Stufe bist du die Krankheit nicht los; was immer du tust oder denkst, es bleibt auf etwas fixiert und zeitigt keine brauchbaren Ergebnisse.

Wie soll ich diese Angelegenheit verstehen? Ich fragte, und er antwortete:[26] »Ich habe diese beiden Stufen, die einführende und die letzte, aus einem Grund erstellt. Wenn du durch Übung danach trachtest, den Geisteszustand der Einführungsstufe zu erlangen, wird jedes Anhaften dich von selbst verlassen, ohne daß du versuchst, es loszuwerden. Eine Krankheit bedeutet ein Anhaften. Im Buddhismus verachtet man Anhaften. Ein Mönch, der alles Anhaften losgeworden ist, kann sich ins Weltliche stürzen, ohne davon berührt zu werden. Er macht, was er will, in völliger Freiheit. Und er verhält sich stets richtig. Experten der unterschiedlichsten Künste und Fertigkeiten können nicht als Meister *(meijn)* bezeichnet werden, solange sie auf das fixiert bleiben, was sie tun. Ein ungeschliffener Juwel zieht Staub und Schmutz an. Ein geschliffenes Juwel wird nicht beschmutzt, selbst wenn man es in den Schlamm legt. Übe hart und schleife deinen Geist, damit er unbeschmutzt bleibt. Überlasse dich einer Krankheit und gib deinen Geist auf, damit du tun kannst, wonach immer dir der Sinn steht«.

Das Bewußtsein in natürlichem Zustand

Ein Mönch fragte einen alten Mann von Tugend[27]: »Was ist der Weg?« Der Tugendhafte antwortete: »Das Bewußtsein in natürlichem Zustand ist der Weg.«[28]

Diese Geschichte enthält ein Prinzip, das für alle Künste gilt. Sie legt die letztgültige Wahrheit dar. Ein natürlicher Geisteszustand ist einer, in dem alle Krankheiten ausgelöscht sind und du mit ihnen verschmilzt, statt sie zu haben.

Laß uns dieses Prinzip auf eine wirkliche Kunst übertragen. Wenn du dir beim Abschießen eines Pfeiles dieses Vorganges bewußt bist, wirst du nicht angemessen zielen können. Wenn du dir beim Benutzen des Schwertes dessen bewußt bist, wirst du dessen Spitze nicht ruhig halten können. Wenn du dir beim Schreiben dieses Tuns bewußt bist, wirst du den Pinsel nicht richtig halten können. Wenn du die Koto spielst und dir dessen bewußt bist, wird die Musik nicht harmonisch sein.

Wer einen Pfeil schießt, muß vergessen, daß er das tut. Wenn er den Pfeil im gleichen Geisteszustand abschießt, als würde er gerade nichts tun, dann wird er richtig zielen können. Ein Schwert benutzen oder ein Pferd reiten – tue das in einem natürlichen Bewußtseinszustand, so als würdest du kein Schwert benutzen, kein Pferd reiten, nicht schreiben, nicht die Koto spielen, eben überhaupt nichts tun. Dann wird alles ohne Widerstände vollbracht, schwungvoll und mit Leichtigkeit.

In welcher Kunst du auch dem Weg folgst, wenn du dich ausschließlich darauf konzentrierst, das zu erreichen, was du dir vorgenommen hast, folgst du nicht länger dem Weg.

Jemand, der nichts in seinem Bewußtsein hat, ist ein Mann des Weges. Wenn du nichts im Geist hältst, kannst du alles leicht tun. Ein Spiegel, der immer klar ist und keine eigene Form besitzt, gibt einfach wider, was auch immer ihm entgegentritt. Der Geist eines Mannes des Weges ist wie ein Spiegel – weil er nichts hat und klar ist, nennt man ihn »ohne Bewußtsein«, und doch mangelt es ihm an nichts. Das ist das Bewußtsein in natürlichem Zustand. Jemand, der etwas mittels eines Bewußtseins in natürlichem Zustand tut, wird ein Meister genannt.

Egal, was du tust, wenn du zielbewußt bist, deinen Geist kontrollierst und ihm nicht erlaubst, abgelenkt zu werden, wird dein Geist verwirrt. Du machst einmal etwas richtig und denkst schon, du seiest gut genug; doch dann machst du es falsch. Du machst es zweimal richtig und einmal falsch und bist womöglich zufrieden damit, zwei von drei Malen richtig zu liegen; doch dann machst du es zweimal hintereinander falsch und alles erscheint konfus. Und das nur, weil du so entschlossen bist, etwas richtig zu machen.

Dennoch werden deine Errungenschaften sich mit der Zeit anhäufen; bei fortdauernder Übung wird der Geist, der alles richtig machen will, sich immer weiter entfernen, so daß du schließlich alles, was du tust, ohne Denken, ohne

Absicht, unabhängig von dir selbst vollbringen kannst, ganz wie eine Holzpuppe.[29] Dann bist du dir deiner selbst nicht bewußt und deine Arme und Beine machen, was sie tun müssen, ohne daß dein Bewußtsein daran denkt; dann liegst du in zehn von zehn Malen richtig. Doch selbst dann wirst du es verfehlen, wenn du deinem Geist erlaubst, sich nur ein wenig einzumischen. Wenn du dagegen »ohne Bewußtsein« bist, wirst du es jedes Mal treffen. »Ohne Bewußtsein« bedeutet nicht, überhaupt kein Bewußtsein zu haben. Es bezeichnet vielmehr das Bewußtsein, den Geist, in einem natürlichem Zustand.

Sei wie eine Holzfigur

»Wie eine Holzfigur, die Blumen und Vögel anschaut«, so lauten die Worte des Laien P'ang.[30] Eine menschliche Figur, die aus Holz gemacht ist, wird geistig nicht bewegt, selbst wenn ihre Augen offenkundig eine Blume oder einen Vogel sehen.[31] Eine Holzfigur hat kein Bewußtsein und kann von daher nicht an etwas anhaften.

Wie kann also ein Mensch mit einem Bewußtsein so werden wie eine Holzfigur? Die Holzfigur ist eine Metapher. Ein Mensch mit mentalen Fähigkeiten kann nicht mit einem Stück Holz gleichgesetzt werden, er kann nicht wie ein Bambus oder wie ein Baum sein.

Wenn du jedoch eine Blume betrachtest, darfst du das nicht mit der Erkenntnis tun, daß du eine Blume anschaust. Du mußt mit einem natürlichen Geist, »ohne Bewußtsein«, hinsehen. Wenn du einen Pfeil abschießt, solltest du das nicht mit der Erkenntnis tun, einen Pfeil abzuschießen. Du mußt das vielmehr mit einem natürlichen Geist vollbringen.

Ein natürlicher Geisteszustand ist der »ohne Bewußtsein«. Wenn du den natürlichen Zustand des Geistes änderst und ein neues Bewußtsein entstehen läßt, nimmt dein Geist eine neue Form an, du wirst innerlich wie äußerlich unruhig. Wenn du versuchst, mit einem aufgeregtem Geist etwas zu tun, wird es nicht richtig vollbracht werden. Zu antworten, ohne durch die Frage aufgeregt zu werden,[32] wird als lobenswert angesehen. Ich muß noch besonders erwähnen, daß angeblich alle Buddhas einen unbeweglichen Geist besitzen.

Diese beiden Ansätze[33] können in der Schwertkampfkunst den Geist von Krankheiten befreien.

Befreie den Geist

Chung-feng[34] sagte: »Statte dich mit einem Geist aus, der sich selbst befreit.«[35] Für diesen Vorgang gibt es einführende und letzte Stufen.

Wenn du deinen Geist befreist, wird er bleiben, wo er ankommt. Um dieses Verweilen zu verhindern, sollst du ihn dahin zurückbringen, wo er hingehört. Das ist die Übung auf der einführenden Stufe. Wenn du einen Schlag austeilst, wird dein Geist dort verharren, wo der Schlag getroffen hat. Du sollst ihn aber finden und zu dir selbst zurückbringen.

Auf der letzten Stufe sollst du deinen Geist befreien und gehen lassen, wohin er will. Du befreist deinen Geist, nachdem du ihn zu einem gemacht hast, der nirgendwo verweilen wird, selbst wenn du ihn befreist.

Wenn du einen Geist hast, der sich selbst befreit, wäre es ungeschickt, ihn die ganze Zeit unter Kontrolle halten zu wollen. Ein Geist, der sich selbst befreit, ist einer, der nirgendwo verweilt, nachdem er sich selbst befreit hat.

Wenn du mit solch einem Geist ausgestattet bist, kannst du frei wirken. Mit einer Leine in der Hand kannst du nicht frei sein. Selbst Hunde und Katzen werden am besten ohne Leine gehalten. Du kannst einen Hund oder eine Katze nicht großziehen, wenn sie stets an der Leine sind.

Der Leser konfuzianischer Bücher wird mit dem Konzept des *kei*[36] belastet und verbringt sein ganzes Leben in Abhängigkeit davon, weil er es hinsichtlich der Selbstentwicklung für unentbehrlich hält. Das ist genauso, als würde man den Geist an der Leine halten wie einen Hund.

Der Buddhismus kennt ein ähnliches Konzept. In einem Sûtra wird von *isshin furan* gesprochen, »zielbewußt und unzerstreut«. Das bedeutet, den eigenen Geist auf ein einziges Ding zu richten und ihm nicht zu gestatten, von anderen Dingen abgelenkt zu werden. Ein anderer Ausdruck der Rezitation lautet: »Respektvoll spreche ich den Namen Buddhas aus.« In *keirei* tritt man einer buddhistischen Statue entgegen und zollt ihr aufrichtig Respekt. Auch das zeitigt Wirkungen, die sich von denen des *kei* nicht unterscheiden.

Hier ist es ein Mittel, den Geist davor zu bewahren, leicht abgelenkt zu werden. Ein gut-kontrollierter Geist benötigt keine Mittel, ihn zu kontrollieren. Du rezitierst mit deinem Mund »Große Heiligkeit des Unbeweglichen«[37], hältst deinen Körper, mit zum Gebet zusammengelegten Händen, in der rechten Haltung und sinnst über die Form des Unbeweglichen in deinem Bewußtsein nach. Wenn du das tust, arbeiten die drei Karma-Kräfte des Körpers, Mundes und Bewußtseins[38] gleichmäßig und dein Geist wird nicht zerstreut. Diese werden die »Drei ausgewogenen Mysterien«[39] genannt. Darin sind sie dem Konzept des *kei* ähnlich, das der menschlichen Natur entspricht. Doch *kei* ist ein Geisteszustand im Wandel, der während der Übung besteht. Wenn du deine Hände trennst und aufhörst, den Namen Buddhas zu rezitieren, wird auch das geistige Abbild Buddhas verschwinden. Dein Geist wird in den Zustand leichter Zerstreubarkeit zurückkehren, er ist nicht länger ein Geist, der stets kontrolliert ist. Jemand, der seinen Geist ein für allemal unter Kontrolle gebracht hat, muß die drei Karma-Kräfte von Körper, Mund und Bewußtsein nicht reinigen und wird nicht einmal beschmutzt, wenn er sich in Staub begibt. Er bleibt den ganzen Tag in Bewegung und doch zugleich unbeweglich, so wie der Mond bleibt, wo er ist, auch wenn er den Bewegungen tausender von Wellen folgt. Dies ist das Reich eines Menschen, der den tiefsten Grund des buddhistischen Gesetzes erreicht hat.

Ich habe das aufgezeichnet, wie es mir von meinem Lehrer des Gesetzes[40] aufgetragen wurde.

Kleine und große Strategien

Es gibt Wege, Waffen zu gebrauchen. Wenn du sie nicht kennst, wirst du getötet, während du töten willst. Bei genauer Betrachtung bedeutet die Militärstrategie, die zwei

Schwerter beinhaltet, wenn man jemandem gegenübertritt, daß es lediglich einen Gewinner und einen Verlierer geben wird. Dies ist eine stark beschränkte Strategie. Sieg oder Niederlage werden nur wenig Gewinn oder Verlust bringen.

Wenn ein einzelner Mann gewinnt und der Staat ebenso, und wenn ein einzelner Mann verliert und der Staat ebenso, dann ist das eine weitreichende Strategie. Hier bedeutet ein einzelner Mann: der General. Der Staat bedeutet: die verschiedenen Armeen unter seinem Kommando. Die Armeen sind Arme und Beine des Generals. Die verschiedenen Streitkräfte wirkungsvoll einzusetzen bedeutet, Arme und Beine des Generals wirksam zu nutzen.

Funktionieren die Streitkräfte nicht, dann funktionieren auch Arme und Beine des Generals nicht. Wenn du jemandem im Schwertkampf begegnest, gewinnst du durch Einsatz deiner Arme und Beine. Genauso gewinnt ein General eine Schlacht, indem er seine Streitkräfte wirksam nutzt und erfolgreiche Strategien entwickelt.

Herrschaft und Schwertkampfkunst

Ein Mann im Range eines Generals muß in der Lage sein, nicht nur auf dem wirklichen Schlachtfeld, auf dem über Sieg und Niederlage entschieden wird, ein Lager zu errichten und seine Armee in der Schlacht zu führen; das gleiche muss ihm auch innerhalb der Grenzen seines eigenen Geistes gelingen. Dies nennt man die Kunst des Krieges im Geiste.

Einen Aufruhr nicht zu ignorieren, wenn die Herrschaft

ansonsten in Ordnung ist, das ist die Grundlage der Kunst des Krieges; das gleiche gilt für das Vorausahnen eines Tumultes und seinem Unterbinden, noch bevor er losbricht. Wenn das Land auf rechte Weise regiert wird ist es Teil der Militärstrategie, einen Mann fürs Gouverneursamt und einen anderen fürs Bürgermeisteramt zu benennen sowie den entlegensten Ecken des Landes Aufmerksamkeit zu widmen, um die Verteidigungskraft des Staates zu schützen. Ränkeschmieden aus persönlicher Gewinnsucht von Gouverneuren, Bürgermeistern, Magistratsbeamten oder Dorfvorstehern bedeuten Mühsal für die Regierten und läuten den Zusammenbruch eines Staates ein.

Dies zu verstehen und solcherlei Ränkeschmieden im Keim zu ersticken ist gleichbedeutend mit der Fähigkeit, des Gegners Listen zu durchschauen, indem man seine Bewegungen in einem Schwertkampf studiert. Du mußt aufmerksam beobachten. Von der Schwertkampfkunst kann etwas gelernt werden, was von größerem Nutzen ist.

Deinem Fürsten dienen

Dein Fürst könnte von Schmeichlern umgeben sein, die ihm eine moralische Haltung vorspiegeln, doch dem Volk nur mit wütendem Blick entgegentreten. Solche Männer werden, solange du dich nicht vor ihnen niederwirfst, selbst über deine guten Taten schlecht reden. Als Folge davon werden Unschuldige leiden und Sünder vorankommen. Das zu verstehen ist wichtiger als die Strategeme deines Gegners in einem Schwertkampf zu bewerten.

Der Staat gehört deinem Fürsten, genau wie das Volk. Diejenigen, die in seiner Nähe dienen, sind ebenso seine Untertanen wie diejenigen in großer Entfernung. Nähe oder Ferne bedeuten nicht viel. Für den Fürsten sind seine Untertanen wie Arme und Beine; die Beine mögen ein wenig weiter weg sein, doch sie unterscheiden sich nicht von den Armen. Weil sie auf die gleiche Weise Schmerz empfinden, sind Arme und Beine ihm weder näher noch ferner. Wenn diejenigen, die nahe sind, die anderen in der Ferne ausbeuten, werden letztere trotz ihrer Unschuld leiden und den Fürsten ablehnen, dem so etwas nicht widerfahren sollte.

Diejenigen, die dem Fürsten nahe sind, beziffern sich auf höchstens fünf bis zehn; die in der Ferne sind zahlreich. Die Zahlreichen werden sich von ihm abwenden, wenn sie sich über ihn ärgern. Die ihm Nahestehenden, die von Beginn an nur an sich selbst dachten und nicht an den Fürsten und ihm auf eine Art dienen, die andere gegen den Fürsten aufbringt, werden darin wetteifern, sich im Notfall von ihm abzuwenden. Wenn das geschieht, wer wird dann noch an den Fürsten denken? Seine Gehilfen sind für eine solche Entwicklung verantwortlich, ihm kann man keine Schuld geben. Dies sollte verstanden und diejenigen in der Ferne sollten nicht von der Güte des Fürsten ausgenommen werden. Unter allen Umständen diese Wahrheit zu erfassen, das ist schon Teil der Militärstrategie.

Strategisches Denken in allem

Ob eine Freundschaft von Anfang bis Ende unverändert bleibt oder nicht, hängt ebenfalls vom Erfassen der Wahrheit ab und erfordert daher etwas, das strategischem Denken ähnelt. Selbst die Kameradschaft bei einem Treffen hängt von angemessenen Ansichten ab und darum auch von einem strategischen Geist. Wenn du die Wahrheit nicht erfaßt, könntest du zum Beispiel zu lange bleiben und etwas Unfundiertes aussprechen oder durch deine Worte – ohne die Gedanken der anderen zu lesen – einen Streit anzetteln und dich am Ende dabei selbst ruinieren. All das hängt davon ab, ob du die Wahrheit erfaßt oder nicht.

Verschiedene Dinge in deinem Wohnraum durch die Wahl eines angemessenen Platzes anzuordnen erfordert ebenfalls eine durchdringende Bewertung des Raumes. Auch hier wird wieder eine Art strategisches Denken benötigt.

Egal, um welche Angelegenheit es geht – es existiert nur eine Wahrheit, und es ist kein Fehler, diese Erkenntnis auch auf die Regierungsgewalt anzuwenden.

Es ist ein Vorurteil zu denken, daß die Schwertkampfkunst einzig darauf ausgerichtet sei, einen Gegner zu töten. Sie soll nicht den Gegner, sondern das Böse töten. Sie ist ein Weg, zehntausend Menschen das Leben zu ermöglichen, indem ein einzelner Böser getötet wird.

Buch 2:
Die lebenspendende Klinge[41]

Shuji Shuriken[42]

Es mag hundert Kampfstellungen geben, doch haben sie nur ein Ziel: zu gewinnen. Letztlich hängt das von *shuji shuriken* ab.

Du magst den Gebrauch des Schwertes auf hundert oder tausend verschiedene Weisen lernen und lehren und in der Lage sein, die ganze Bandbreite von Kampfstellungen und Schwertpositionen zu beherrschen. Doch *shuji shuriken* ist von zentraler Bedeutung. Dein Gegner mag wie du hundert Stellungen beherrschen, doch was letztlich den Ausgang des Kampfes bestimmt, ist die Handhabung des *shuji shuriken*. Weil es im Geheimen übermittelt werden muß, geben wir hier nicht die richtigen Schriftzeichen für den Ausdruck an, sondern Ideogramme, die genauso klingen.[43]

Sein und Nicht-Sein

Möglichkeiten von Sein und Nicht-Sein[44] – das heißt, daß Sein da ist und darum auch Nicht-Sein.

Im Falle von *shuji shuriken* müssen Sein und Nicht-Sein gelernt werden. Was sich zeigt, ist Sein, was sich versteckt ist Nicht-Sein. Das Sein, das sich zeigt, und das Nicht-Sein, das sich versteckt, sind *shuji shuriken*. Es liegt alles in den Händen, die das Schwert ergreifen. Im Buddhismus spricht man von Sein und Nicht-Sein.[45] Etwas Ähnliches ist hier gemeint.

Gewöhnliche Menschen sehen Sein, aber kein Nicht-Sein. Wer *shuji shuriken* versteht, sieht Sein und Nicht-Sein. Für ihn existieren beide. Wenn da Sein ist, schlägst du mit Sein;

wenn da Nicht-Sein ist, schlägst du mit Nicht-Sein. Ebenso schlägst du auf Nicht-Sein, ohne auf Sein zu warten, und auf Sein, ohne auf Nicht-Sein zu warten. Darum sagen wir: »Sein ist da und ebenso Nicht-Sein.«

Eine dem Weisen Lao-tse zugeschriebene Bemerkung lautet: »Es gibt immer Sein, es gibt immer Nicht-Sein.«[46] Wenn beide stets da sind, wird Sein das gleiche wie Nicht-Sein. Wenn es sich zeigt, wird Nicht-Sein zu Sein. Wenn zum Beispiel ein Wasservogel auf dem Wasser treibt, ist er wie Sein; taucht er unter Wasser ab, ist er wie Nicht-Sein. Das heißt, was du als Sein ansiehst wird zu Nicht-Sein, wenn es sich versteckt. Ebenso wird, was du als Nicht-Sein ansiehst, zu Sein, wenn es sich zeigt. Sein und Nicht-Sein hängen also davon ab, ob sich etwas zeigt oder versteckt. Die Essenz von beiden ist die gleiche. Also sind sowohl Sein als auch Nicht-Sein immer da.

Im Buddhismus spricht man auch von »wahrem Sein« und »wahrem Nicht-Sein«. Wenn jemand stirbt, versteckt sich ein Sein. Wenn jemand geboren wird, taucht ein Nicht-Sein auf. Die Essenz von beiden bleibt die gleiche. Sein und Nicht-Sein liegen in den Händen, die das Schwert ergreifen. Dies wird geheim überliefert und *shuji shuriken* genannt.

Wenn du deine Handfläche nach unten drehst, versteckt sich Sein. Wenn du sie nach oben drehst, erscheint Nicht-Sein.

Die Bedeutung dieser Worte dürfte schwer zu erkennen sein, wenn sie nicht mündlich erklärt werden. Wenn da Sein ist, erkennst und schlägst du es. Wenn da Nicht-Sein ist, erkennst und schlägst du es. Darum sagen wir, daß Sein und Nicht-Sein da sind. Was Sein genannt wird, ist Nicht-Sein.

Was Nicht-Sein genannt wird, ist Sein. Sein und Nicht-Sein sind nicht zwei verschiedene Dinge. Wenn du das nicht verstehst, wirst du keinen Sieg erringen, selbst wenn du dein Schwert auf hundert verschiedene Arten benutzt. Hundert Strategeme beruhen auf dieser Erkenntnis.

Suigetsu

suigetsu oder: der Mond auf dem Wasser; sein Licht.

Dies bedeutet, deine eigene Taktik durchzusetzen, indem du die Distanz zwischen dir und deinem Gegner festlegst, die es seinem Schwert unmöglich macht, deinen Körper zu berühren. Sich heimlich in diese Distanz zu stehlen, um dem Gegner näher zu kommen, wird »der Mond auf dem Wasser« genannt, wegen der Art, in der der Mond sein Licht aufs Wasser wirft.[47] Du mußt die notwendige Distanz in deinem Geist festlegen, bevor der Kampf beginnt. Einzelheiten dazu sollen mündlich überliefert werden.

Shinmyôken[48]

shinmyôken oder: Göttliches Schwert. Die Aufmerksamkeit gegenüber dem »Platz« (des Schwertes) muß auch dem Körper und den Beinen gelten.

shinmyôken ist von höchster Wichtigkeit. Der Körper hat eine so bezeichnete Stelle.[49] In bezug auf deinen eigenen Körper sollte das *ken* (Schwert) des *shinmyôken* als das wirkliche Schwert verstanden werden. Denn das Schwert verläßt nicht seinen »Platz«, ob du es zur Rechten oder Linken hältst. In bezug auf den gegnerischen Körper sollte das *ken* (Schwert) als *ken* (Beobachtung) verstanden werden. Beobachtung ist wichtig, weil du deinen Gegner triffst, indem du dem »Platz« seines Schwertes Aufmerksamkeit schenkst.

Shin und Myô

Interpretationen der zwei Ideogramme *shin* und *myô*.

»Wenn *shin* innen existiert, erscheint *myô* außen. Dies wird *shinmyô* genannt.«

Nimm zum Beispiel einen Baum. Weil er innen *shin* (Göttlichkeit, Herz) besitzt, erblühen die Blüten und sondern Duft ab, Grün entsteht, Blätter und Äste gedeihen. Diese äußeren Manifestationen sind *myô* (Feinheit, Auserlesenheit). Das *shin* eines Baumes kann nicht als solches herausgepickt werden, selbst wenn du den Baum spaltest; doch ohne *shin* werden sich außen weder die Blüten noch das Grün zeigen.

Genausowenig kann das *shin* eines Menschen als solches lokalisiert werden, nicht einmal, wenn du seinen Körper entzweireißt; doch weil er innerlich *shin* besitzt, kann er verschiedene Fertigkeiten ausüben. Weil er *shin* am Ort des *shinmyôken* plaziert hat, erscheinen verschiedene *myô* mittels seiner Hände und Füße und erlauben den Blüten, gewissermaßen in einem Kampf zu erblühen.

Für das Bewußtsein ist *shin* der Meister. *shin* bleibt innen und benutzt nach außen das Bewußtsein. Das Bewußtsein hingegen nutzt die Dienste des äußeren Geistes *(ki)*. Wenn das Bewußtsein, das die Dienste des äußeren Geistes nutzt, an einem Ort verweilen müßte, würde sein Zweck nicht erfüllt. Darum ist es wichtig, das Bewußtsein nicht an einer Stelle haften zu lassen. Nimm einmal an, ein Meister entsende seinen Diener auf einen Botengang und der Diener bliebe am Zielort – so wäre doch sein Botengang unvollendet. Wenn dein Bewußtsein an einem Objekt haftet und nicht dorthin zurückkehrt, wo es hingehört, wird dein Talent als Schwertkämpfer gefährdet. Darum ist es wesentlich, daß du deinen Geist in der Schwertkampfkunst und in allem anderen auch nicht an einer Stelle haften läßt.

Gehen

Beim Gehen ist es schlecht, zu schnell oder zu langsam zu sein. Auf natürliche Weise zu gehen, gedankenlos zu gleiten, das ist gut. Übertrieben oder unangemessen[50] zu sein ist schlecht; wähle den Mittelweg. Du bist schnell, weil du alarmiert und verunsichert bist. Du bist langsam, weil du eingeschüchtert bist und deinen Gegner fürchtest. Das Ideal ist jedoch der Zustand, in dem dich nichts aufregt.

Wedele deinen Fächer vor jemandem, der die Augen geöffnet hat, und er wird blinzeln – das ist ein natürlicher Bewußtseinszustand. Blinzeln bedeutet nicht, daß diese Person aufgeregt ist. Wiederhole deine Handbewegung zwei, drei Mal, um ihn zu überraschen. Wenn er überhaupt nicht blinzelt, zeigt das, daß er aufgeregt ist. Nicht zu blinzeln, sich angestrengt zu bemühen, es nicht zu tun bedeutet, daß sich der Geist aus seinem natürlichen Blinzelzustand herausgegeben hat. Jemand mit »unbeweglichem Geist« wird gedankenlos blinzeln. Dies ist das Stadium, in dem man nicht aufgeregt ist.

Der Punkt ist also, nicht den natürlichen Geisteszustand zu verlieren. Wenn du versuchst, dich nicht zu bewegen, hast du dich bereits bewegt. Die Logik besteht hier darin, daß »sich bewegen« heißt: sich nicht bewegen. Sich zu drehen ist der natürliche Zustand des Wasserrades. Dreht das Wasserrad sich nicht, verstößt es gegen seine Natur. So ist es auch natürlich für einen Menschen, zu blinzeln. Nicht zu blinzeln heißt: sein Geist hat sich bewegt. Den natürlichen Bewußtseinszustand nicht zu ändern und wie gewöhnlich zu gehen, zu gleiten, ist gut. Dies ist das Stadium, in dem du in Erscheinung und Geist nicht durcheinander gerätst.

Das Eine Prinzip

Das »Eine Prinzip«[51]: eine geistige Einstellung für die frontale Auseinandersetzung[52] mit dem Gegner oder für die Begegnung mit einem Speer. Vorsicht, wenn du kein Schwert hast!

Das »Eine Prinzip« ist ein geheimer Ausdruck der Schwertkampfkunst. Einem Schwertkämpfer kann alles passieren. Es ist also entscheidend, wie du agierst, wenn du dich plötzlich in einer feindlichen Situation wiederfindest. Sorgsam nach jeder Veränderung des Geschehens Ausschau zu halten, damit man nicht bei einer Unachtsamkeit erwischt wird, dies wird das »Eine Prinzip« genannt.

Das »Eine Prinzip« läßt sich auch anwenden auf die Vorsicht, die man walten läßt, wenn man sein Schwert direkt vor sich und sehr nahe am Gegner hält, oder wenn man seinem Gegner mit einem Speer »bei eineinhalb Fuß«[53] gegenübertritt. Es handelt sich um die gleiche Achtsamkeit, die man an den Tag legt, wenn man sich nicht weiter als bis zu einer Mauer oder einem Zaun zurückziehen kann und nach wie vor vom Gegner bedrängt wird.

Vergiß nicht, daß es entscheidend ist, wie du in Augenblicken solcher Belastung reagierst. Hast du kein Schwert, wird das Kreuzen deines Gegners »bei eineinhalb Fuß« mißlingen, wenn du deine Augen auf einen Punkt fixierst oder deinem Geist erlaubst, an einer Stelle zu verweilen, und wenn du dadurch unaufmerksam wirst. Solchen Dingen Aufmerksamkeit zu schenken wird das »Eine Prinzip« genannt, das geheim gehalten wird.

Der eine Fuß

Einen Fuß für dich und für deinen Gegner.[54] Vorsicht, wenn du und dein Gegner gleichlange Schwerter haben, oder wenn du kein Schwert trägst.

Das Schwert darf sich vom Körper einen Fuß weit lösen. In einem Fuß Abstand kannst du es einsetzen. Näher heranzugehen ist gefährlich.

Das endgültige erste Schwert

»Endgültig« bedeutet hier: das Beste, was du tun kannst. »Das erste Schwert« verweist nicht auf das wirkliche Schwert. Deine Fähigkeit, die Absicht des Gegners zu durchschauen, ist in diesem geheimen Ausdruck zusammengefaßt. »Das erste Schwert« ist wichtig, denn deine Fähigkeit, die gegnerischen Strategeme zu erfassen, wird zum entscheidenden Schlag führen. Betrachte dieses Können als »Das erste Schwert« und die Fähigkeit, dein Schwert gemäß den Strategemen des Gegners einzusetzen, als »Das zweite Schwert«. Auf dieser Grundlage benutze dein Schwert auf vielfältige Weise.

shuriken, suigetsu, shinmyôken, Krankheiten – diese vier und das Wirken deiner Arme und Beine nennen wir »Die fünf Einsichten und eine Wahrnehmung.« Die *shuriken* zu sehen wird »eine Wahrnehmung« genannt. Die verbleibenden vier werden Einsichten genannt, weil sie im Geiste vonstatten gehen. Mit deinen Augen zu sehen wird *ken* – Wahrnehmung – genannt, während mit deinem Geist zu sehen als *kan* – Einsicht – bezeichnet wird, was bedeutet, daß du es in deinem Geiste ausarbeitest.[55] Tatsächlich sprechen wir von vier Einsichten, sagen aber aus Gewohnheit »fünf«: *shuriken, suigetsu, shinmyôken,* Krankheiten, Körper und Glieder – diese fünf. Von diesen erlangen wir vier durch den Geist und eine durch Wahrnehmung mittels der Augen.

Unterschiede

- *suigetsu* betrifft das Beurteilen der Kampfzone.[56]
- *shinmyôken* betrifft das Beurteilen der entscheidenden Körperpunkte.
- »Körper und Glieder« betrifft die gegnerischen und eigenen Bewegungen.
- Sich von Krankheiten zu befreien bedeutet, die *shuriken* zu sehen.

Der endgültige Zweck von all dem ist, die *shuriken*, die Strategeme des Gegners, zu durchschauen. Die Unterschiede zwischen den Vieren sind allgemeiner Natur. Du entledigst dich Krankheiten, um die *shuriken* sehen zu können. Wenn du die Krankheiten nicht los wirst, wirst du zu ihrem Gefangenen und kannst nicht erkennen, was du erkennen solltest.

Krankheiten sind hier solche des Geistes. Eine Krankheit des Geistes ist seine Neigung, an dem einen oder anderen Ort verweilen zu wollen. Versuche, deinen Geist nicht an der Stelle haften zu lassen, an der du getroffen hast. Der springende Punkt ist, deinen Geist abzuwerfen und nicht abzuwerfen.

Kämpfen

Dein Gegner hält sein Schwert im Gleichgewicht und kommt mit dessen Spitze an dich heran; du schlägst zu, wenn er sein Schwert erhebt.[57]

Wenn du deinen Gegner treffen willst, laß ihn zuerst zuschlagen. In dem Augenblick, in dem du ihn dazu bringst, hast du ihn bereits geschlagen.

Wähle die Zone des *suigetsu*. Dann konzentriere dich auf die Arbeit des Geistes. Wenn trotz deiner Anstrengungen der Gegner die Zone zuerst besetzt, betrachte sie dennoch als von dir eingenommen. Es ist der Zustand deines Bewußtseins, der zählt: Ob der Gegner in einem Umkreis von fünf Fuß (circa 1,50 m) an dich herankommt oder du an ihn, der Abstand zwischen dir und deinem Gegner bleibt der gleiche. Wenn der andere die Zone des *suigetsu* besetzt, belasse es dabei. Es ist schlecht, sich auf diese Zone zu fixieren. Bewahre einen leichten Körper.

Sowohl die Stellung deiner Füße als auch die Haltung deines Körpers sollte nicht mit der Position des Schwertes[58] unverbunden sein. Vergiß nicht, dem sogar schon vor dem Kampf Bedeutung beizumessen.

Drei Stufen beim Erkennen der Position des Schwertes

Mit deinem Geist zu sehen ist die Grundlage. Nur wenn du mit dem Geist siehst, erkennen es deine Augen. Also folgen die Augen dem Geist. Nachdem du es mit deinen Augen wahrgenommen hast, sehen es dein Körper und deine Glieder. »Mit Körper und Gliedern sehen« bedeutet, deinem Körper und deinen Gliedern nicht zu erlauben, von der Position des gegnerischen Schwertes getrennt zu werden. Du siehst mit dem Geist, damit du mit den Augen sehen kannst. Du siehst mit den Augen, damit deine Hände und Füße nach der gegnerischen Position des Schwertes streben können.

Der Geist und der Mond

Der Geist ähnelt dem Mond im Wasser;
die Form ist wie der Schatten im Spiegel.[59]

Dieser Vers wurde auf die Schwertkampfkunst angewandt, weil das Wasser die Reflexion des Mondes zeigt und der Spiegel die deines Körpers. Der menschliche Geist wendet sich einem Objekt so zu wie der Mond sich dem Wasser.[60] Er tut das schnell. Vergleiche die Position des Schwertes mit dem Wasser, den Geist mit dem Mond, und lasse den Geist sich der Position des Schwertes zuwenden. Wie sich der Geist der Position des Schwertes zuwendet, so tut dies auch der Körper. Der Körper folgt dem Geist.

Dieser Vers verdeutlicht dir auch die Notwendigkeit, den Spiegel mit der Position des Schwertes zu vergleichen und deinen Körper wie einen Schatten diesem zuzuwenden. Das bedeutet, daß du deinen Armen und Beinen nicht erlauben kannst, von der Position des Schwertes getrennt zu werden. Der Mond wendet sein Licht geschwind dem Wasser zu. Obwohl der Mond hoch oben am Himmel steht, erreicht sein Licht das Wasser, sobald die Wolken aufgerissen sind. Es ist keinesfalls so, als würde das Licht von hoch oben im Himmel ganz langsam und Schritt für Schritt herabkommen, um reflektiert zu werden. Noch bevor du einmal gezwinkerst hast, ist die Reflexion schon da. Es soll sich der menschliche Geist so rasch einem Objekt zuwenden wie der Mond dem Wasser.

»Der Geist ist so schnell wie der Mond auf dem Wasser und das Bild im Spiegel« – diese Bemerkung in einem buddhistischen Sutra heißt nicht, daß du den Mond unter der Wasseroberfläche finden kannst, obwohl der Mond sich dem Wasser zuwendet und darin greifbar wirkt. Es bedeutet vielmehr, daß der Mond vom entfernten Himmel aus, ohne eine Sekunde Unterbrechung, seine Reflektion so abgibt, wie sie ist.

Das gleiche gilt für das Bild, das in einem Spiegel reflektiert wird. Welches Objekt auch immer ihm entgegentritt, ist bereits darin vorhanden.

Dies ist ein Gleichnis für Schnelligkeit. Der menschliche Geist wendet sich auf die gleiche Weise einem Objekt zu. Während du mit den Augen blinzelst, bewegt sich dein Geist in entfernte Weiten. Du nickst ein, döst vor dich hin und noch bevor du es bemerkst, wandert dein Traum in deine tausend Meilen entfernte Heimatstadt.[61] Der Weg, auf den sich der Geist begibt, wurde – so sagt man – von Buddha erklärt, der ihn mit dem Mond im Wasser und einem Bild im Spiegel verglich.

Anwendung des obigen Verses

Die obige Aussage kann auf das *suigetsu* in der Schwertkampfkunst angewandt werden. Du solltest deinen Geist zur Kampfzone bewegen wie sich der Mond zum Wasser begibt. Wenn sich dein Geist bewegt, wird dein Körper folgen. Sobald ein Kampf beginnt, solltest du deinen Körper so schnell zur Kampfzone bewegen wie der Spiegel ein Bild reflektiert. Beachte, daß du den unteren Teil deines Körpers schon vorher bereithalten mußt, weil sich dein Körper sonst nicht richtig bewegen wird. Sowohl hinsichtlich der Kampfzone wie auch der Position des Schwertes ist der entscheidende Punkt, den Körper und seine Glieder rasch zu bewegen.

Voreiliger Angriff

Einen voreiligen Angriff zu starten ist das schlimmste.[62] Eine schnelle Attacke oder mehrere Angriffe in schneller Folge sind nur akzeptabel, wenn du den unteren Teil deines Körpers richtig hältst und die Situation vom Beginn des Kampfes an ausreichend verstanden hast. Nicht aufgeregt zu sein ist wichtig.

Den Geist zurückziehen

Du triffst deinen Gegner und denkst: »Ich habe getroffen.« So wird dein Geist bei diesem Gedanken steckenbleiben. Weil dein Geist sich nicht vom Augenblick des Treffens zurückzieht, wird er abwesend sein und deinem Gegner den zweiten Treffer erlauben, wodurch du deinen durch den ersten Treffer erzielten Erfolg zunichte machst und verlierst.

Deinen Geist zurückzuziehen bedeutet dies: Wenn du getroffen hast, lasse deinen Geist nicht an dem Punkt zurück, wo du getroffen hast; in dem Moment, wo du triffst, ziehe deinen Geist zurück und beobachte, wie es um deinen Gegner steht. Dein Gegner muss sich verändern, wenn er getroffen wurde. Er denkt: »Was ist geschehen? Ich bin getroffen worden!«, und er wird wütend werden. Auf seine Wut folgt Entschlossenheit. Wenn du in diesem Augenblick nachläßt, wird dich dein Gegner niederstrecken.

Betrachte den getroffenen Gegner als wildgewordenen Bär.[63] Nimm an, daß dein getroffener Gegner – während du denkst: »Ich habe getroffen« und deinen Geist verweilen läßt und dich entspannst – all seinen Mut zusammennimmt. Er wird im Moment des Getroffenseins hellwach werden. Wenn du also mit dem gleichen Geist wie zuvor zuschlägst, wirst du ihn verfehlen. In diesem Fall wird dein Gegner die Gelegenheit nutzen und dich treffen.

Deinen Geist zurückzuziehen bedeutet, ihn nicht an dem Punkt verweilen zu lassen, an dem du getroffen hast, sondern ihn zu dir selbst zurückzureißen. Es bedeutet zu sehen, wie dein Gegner dasteht. Befindest du dich sogar im höchsten Bewußtseinszustand, ziehst du deinen Geist nicht zurück, sondern schlägst auf den Punkt, den du getroffen hast, ein zweites und drittes Mal ohne Unterbrechung, so daß dein Gegner nicht einmal in der Lage ist, auch nur seinen Kopf zu schütteln. Das ist gemeint mit dem Ausdruck »ohne genug Zeit, auch nur eine Haarsträhne dazwischenzulassen.« Es bedeutet, ununterbrochen zuzuschlagen, ohne ein Haar zwischen den ersten und zweiten Schlag zu lassen. Im Zen-Dialog kennt man als »Dharma-Schlacht« die Fragen, die ohne »das Intervall einer Haarsträhne« beantwortet werden, also ohne Zögern. Wenn du dieses Intervall ausdehnst, wirst du unterliegen. Es geht um die Schnelligkeit, mit der dein Schwert ohne Pause ein zweites und drittes Mal trifft.

Ikkyo, Leere und konzentrierter Geist

ikkyo bedeutet, zahlreiche Dinge in einem Bündel fortzu-
werfen. Zahlreiche Dinge bedeutet zahlreiche Krankheiten.
Krankheiten heißt Krankheiten des Geistes. Du bündelst die
verschiedenen Krankheiten in deinem Geist und zerteilst sie
wie mit einem Schwert. Wir haben diese Krankheiten in einem anderen Band beschrieben.[64]

Der Geist, der stehenbleibt, wird krank. Im Buddhismus
wird dieses Stehenbleiben als Anhaften bezeichnet und über
alles verabscheut. Wenn dein Geist an etwas haftet, kann er
nicht mehr sehen, was er sehen sollte, und du verlierst. Das
Verweilen des Geistes wird als Krankheit bezeichnet. *ikkyo*
heißt, ein einziges Bündel aus all solchen Krankheiten zu
schnüren und es wegzuwerfen. Du wirfst zahlreiche Krankheiten in einem einzigen Bündel fort, damit du nicht ver-
säumst, das »Einzig Eine« zu entdecken.

Das »Einzig Eine« *(yuiichi)* verweist auf die »Leere« *(kû)*.
Die Leere ist ein Codewort, das geheim übermittelt werden
soll. Es verweist auf den Geist des Gegners. Denn der Geist
hat weder Form noch Farbe und ist leer. Die Leere oder das
»Einzig Eine« zu sehen bedeutet, den Geist des Gegners zu
sehen. Der Buddhismus hilft dir zu verstehen, daß der Geist
leer ist. Allerdings heißt es, daß selbst unter denen, die wis-
sentlich behaupten, der Geist sei leer, nur wenige erleuchtet
seien.

bôshin, »Konzentrierter Geist«, verweist auf die Stelle, auf
die sich der gegnerische Geist konzentriert, nämlich auf die
das Schwert haltenden Hände.[65] Du schlägst zu, bevor die
Fäuste des Gegners sich bewegen.[66] *ikkyo* soll die Einsicht in

die Bewegung fördern, bevor sie stattfindet. Wische die hundert Krankheiten beiseite und versäume nicht, die Leere zu erkennen. Der Geist des Gegners liegt in seinen Händen, er ist in ihnen konzentriert. Zuzuschlagen, wenn sich die Hände nicht bewegen, wird als Schlagen der Leere bezeichnet. Die Leere ist etwas, was sich nicht bewegt. Weil sie keine Form hat, bewegt sie sich nicht. Die Leere zu schlagen bedeutet zu schlagen, bevor Bewegung entsteht.

Die Vorstellung von Leere ist eine zentrale Angelegenheit im Buddhismus. Es gibt zwei Arten von Leere: falsche und echte. Die falsche Leere ist das Stadium, in dem es nichts gibt. Die echte Leere ist eine wahre Leere – nämlich die Leere des Geistes. Der Geist ist wie eine falsche Leere in seiner Formlosigkeit, doch er ist der Meister des Körpers und alles, was der Körper tut, entsteht aus dem Geist. Die Bewegungen und Verrichtungen des Körpers[67] sind das Wirken des Geistes. Geist, der sich nicht bewegt, ist Leere. Leere, die sich bewegt, ist Geist. Leere bewegt sich, wird zu Geist und veranlaßt Hände und Füße zum Handeln. Du sollst zuschlagen, wenn die Fäuste, die das Schwert halten, noch kein Anzeichen von Bewegung zeigen. Darum sagen wir: »Schlage die Leere!«

Wir sprechen von einem konzentrierten Geist, doch der Geist ist für das Auge unsichtbar. Er wird als leer bezeichnet, weil er nicht sichtbar ist und weil er sich nicht bewegt. Der Geist ist in den Händen konzentriert, die das Schwert umfassen, doch er ist für das Auge nicht sichtbar. Der entscheidende Punkt ist zuzuschlagen, während der Geist sich in den Händen konzentriert, aber noch kein Anzeichen von Bewegung zeigt. In einem Moment mögen wir noch behaupten, daß die Leere des Geistes unsichtbar für das Auge ist und keine Substanz besitzt. Doch im nächsten Augenblick bewegt sich dieselbe Leere und vollführt eine Reihe von Dingen, läßt die Hände etwas aufnehmen, die Füße auf besondere Weise schreiten und den Körper alle möglichen feinsinnigen Dinge tun.

Den Geist kann man nur schwer durch die Lektüre von Büchern erleuchten. Erleuchtung erlangt man auch kaum durch das Anhören von Lehrreden. Es heißt, daß wie in früheren Zeiten diejenigen, die Sutras kopieren und Lehrreden halten, das aus Gewohnheit und Tradition tun, doch daß man diejenigen selten trifft, die durch den »Geist des Geistes«[68] erleuchtet sind.

Erleuchtung und der Weg

Weil alle Fähigkeiten und seltenen Talente des Menschen das Wirken des Geistes sind, haben auch Himmel und Erde einen Geist. Er wird der Geist von Himmel und Erde genannt. Wenn sich dieser Geist bewegt, verursacht er Donner und Blitz, Wind und Regen und läßt – mittels Wolken, die abrupt ihre Farbe ändern – Schnee und Hagel streuen und Eis vom brennenden Himmel fallen, was den Menschen eine Pein ist.

Befindet sich die Leere in Himmel und Erde, ist sie deren Meister, befindet sie sich im menschlichen Körper, ist sie der Meister des menschlichen Körpers. Wenn du tanzt, ist sie der Meister des Tanzens; wenn du ein *Nô*-Stück aufführst, der Meister des *Nô*; wenn du die Schwertkampfkunst anwendest, der Meister der Schwertkampfkunst; wenn du eine Waffe abfeuerst, der Meister der Waffe; wenn du einen Pfeil schießt, der Meister des Pfeiles; und wenn du ein Pferd reitest, der Meister des Pferdes. Wenn dieser Meister in irgend etwas persönlich verstrickt ist, wirst du kein Pferd reiten können, dein Pfeil wird verfehlen und deine Schußwaffe nicht ihr Ziel treffen. Wenn dein Körper die rechte Haltung einnimmt und dein Geist sich in einem angemessenem Stadium befindet, solltest du alles frei tun können. Es ist wichtig, ein für allemal solch einen Geist zu finden und erleuchtet zu werden. Jeder sagt: »Ich habe einen völlig offenen Geist und kann ihn frei benutzen.« Doch wir haben bereits gehört, daß diejenigen rar gesät sind, die einen solchen Geist verwirklicht haben.

Die Zeichen für Unerleuchtetsein sollten in der Person selbst offenkundig sein. Wer sie kennt, sollte sie benennen können. Wer erleuchtet ist, sollte in allem, was er tut oder sagt, in seinem ganzen Verhalten, genau sein. Wer nicht genau ist, kann auch nicht erleuchtet genannt werden, so sagt man uns. Ein aufrichtiger Geist ist ein wahrer oder rechter Geist. Ein verdrehter, befleckter Geist ist ein falscher Geist; er wird auch menschlicher Geist genannt. Jemand, der seinen wahren Geist verwirklicht und dessen Vorgaben in allem erfüllt, was er tut, verdient Respekt.

Ich sage das, obwohl ich meinen eigenen Geist noch nicht gemeistert habe und es mir schwer fällt, mich richtig zu benehmen, mich so zu bewegen und stillzustehen, als wäre mein Geist einwandfrei, als hätte ich die Anforderungen eines fehlerfreien Geistes erfüllt. Ich erwähne es trotzdem, weil es sich hierbei um ein Stadium handelt, nach dem man streba sollte.[69] In der Schwertkampfkunst genügt es freilich nicht, den Geist fehlerfrei zu halten und Körper und Glieder nach Belieben zu bewegen. Mag dein Verhalten im täglichen Leben auch nicht dem Weg entsprechen, so genügt es doch in der Schwertkampfkunst nicht, ohne die Erleuchtung des Weges zu sein. Du magst den Anforderungen eines wahren Geistes in der Disziplin deiner Wahl folgen; jedoch vom wahren Geist bei nichts abzuweichen, was du tust, und alle anderen Disziplinen außer deiner selbstgewählten zu meistern ist beinahe unmöglich. Wer andere Disziplinen kennenlernt und sie meistert wird »ein vollendeter Mensch« genannt. Wer *eine* Fähigkeit oder Kunst gemeistert hat, ist ein Fachmann, doch kaum ein vollendeter Mensch.

Wahrer und falscher Geist

In einem *tanka* heißt es:

> *Dein wahrer Geist ist Geist, der deinen Geist in die Irre führt.*
> *Geist, überlasse deinen Geist nicht dem Geist.*[70]

Dieses *tanka* spricht von Wahrheit und Falschheit. Es gibt zwei Arten von Geist: wahren und falschen. Wenn du deinen wahren Geist verwirklichst, wird alles, was du tust, richtig sein. Doch wenn der wahre Geist vom falschen überzogen, verdreht und befleckt wird, wird auch alles, was du tust, verdreht und befleckt. Wir sprechen vom wahren und falschen Geist, doch das ist nicht, als würden zwei Dinge wie Schwarz und Weiß nebeneinander und getrennt existieren. Der wahre Geist ist das, was der Geist in seinem ursprünglichen Zustand darstellt – etwas, womit du ausgestattet wurdest, noch bevor deine Eltern geboren waren, etwas, das aufgrund seiner Formlosigkeit weder entsteht noch vergeht. Dein Körper hat eine Form, die ihm von deinen Eltern gegeben wurde, doch von deinem formlosen Geist kann man nicht behaupten, du hättest ihn von deinen Eltern bekommen. Der Geist ist das, womit ein Körper ausgestattet ist, wenn ein Mensch geboren wird.

Zen und der Geist

Zen, so sagte man mir, sei eine Schule der Religion, die den wahren Geist suche. Ich hörte auch, daß nicht alle Zen-Anhänger gleich seien, weil es unauthentisches Zen gäbe und viele Menschen einerseits Dinge sagten, die traditionell klangen, andererseits jedoch anscheinend nicht den wahren Weg erlangt hätten.

Ein falscher Geist ist eine »Laune«, etwas Persönliches. Was ist eine Laune? Etwas, was vom Blut verursacht wird. Das Blut bewegt sich nach oben, dein Gesicht ändert die Farbe und Ärger zeigt sich darin. Wenn jemand haßt, was du liebst, wirst du ärgerlich und reizbar; zufrieden bist du hingegen und erachtest als richtig, was falsch ist, wenn jemand deine Gefühle teilt und haßt, was du haßt. All das geschieht, weil die Launen in deinem Körper dein Fleisch aufstacheln. In diesen Momenten wird der Geist als falscher Geist bezeichnet. Wenn er auftaucht, verfinstert er den wahren Geist, und es kommen nur noch schlimme Dinge dabei heraus.

Wer den Weg erlangt hat, verdient Respekt, weil er auf der Grundlage seines wahren Geistes agiert und seinen falschen Geist dämpft. Wer nicht den Weg erlangt hat, erlangt seinen Ruf dadurch, daß er verdreht und beschmutzt erscheint, weil er seinem wahren Geist gestattet, sich zu verstecken, und seinem falschen Geist, zu gedeihen – wobei er nur Dinge tut, die mit dem grundlegenden Prinzip nicht übereinstimmen.

Das oben zitierte *tanka* hat nichts »Vornehmes«[71] an sich, doch unterscheidet es klar »böse« und »richtig«. Ein falscher Geist ist böse, was immer er auch tut. Wenn sich dein falscher Geist zeigt, wirst du in einem Schwertkampf verlieren, dein Pfeil wird nicht das Ziel treffen, du wirst es auch mit deiner Feuerwaffe verfehlen, du wirst kein Pferd reiten können, dein *Nô*-Tanz wird unbeholfen wirken, dein *Nô*-Gesang[72] sich unerträglich anhören und du wirst die falschen Dinge sagen, wenn du deinen Mund öffnest. Alles wird schiefgehen.

Wenn du den Forderungen deines wahren Geistes folgst, sollte freilich alles in Ordnung sein. Nimm an, du stellst etwas Falsches an und bemerkst es nicht. Weil solches Ränkeschmieden aus einem falschen Geist entstammt, wird seine Falschheit schnell offenbar. Wenn dein Geist wahr ist, werden diejenigen, die dir zuhören, es sofort wissen, ohne deine Erklärung. Ein wahrer Geist benötigt keine Erklärung.

Ein falscher Geist ist eine Krankheit des Geistes. Sich vom falschen Geist zu befreien heißt, sich von der Krankheit zu befreien. Wenn du diese Krankheit los bist, hast du einen gesunden Geist. Ein gesunder Geist wird wahrer Geist genannt. Wenn du den Geboten des wahren Geistes entsprichst, bist du ein Meister der Schwertkampfkunst.

Es gibt keinen Bereich des Bemühens, für den dieses Prinzip nicht gelte.

Mutô oder Nicht-Schwert

Nicht-Schwert bedeutet nicht notwendigerweise, daß du nicht gut bist, solange du noch nicht das Schwert des Gegners entwenden kannst. Noch heißt es, dessen Schwert zu nehmen und damit zu protzen, um an Ehre zu gewinnen. Nicht-Schwert bedeutet einfach, kein Schwert zu haben – dann wirst du deinem Gegner nicht erlauben, dich zu treffen. Die wahre Absicht hierbei ist, daß du niemals etwas sagen solltest wie: »Nun schaut her, wie ich mir sein Schwert schnappe!«

Nicht-Schwert bedeutet nicht, das Schwert des Gegners unter allen Umständen nehmen zu wollen, wenn er das zu verhindern sucht. Nicht-Schwert heißt auch, das Schwert des Gegners nicht nehmen zu wollen, wenn er das zu verhindern sucht. Jemand, der vom Gedanken besessen ist, sein Schwert davor zu schützen, weggenommen zu werden, wird versäumen, dich zu treffen und bei all seinen Schutzmaßnahmen gar nicht in der Lage dazu sein. Nicht getroffen zu werden heißt zu gewinnen. Nicht-Schwert dient nicht dazu, das Abnehmen des gegnerischen Schwertes zu einem Trick zu machen. Es ist eine Fähigkeit, einen anderen daran zu hindern, dich zu treffen, wenn du selbst kein Schwert hast.

Das sogenannte Nicht-Schwert ist kein Trick, um deinem Gegner das Schwert abzunehmen, doch soll es dich befähigen, verschiedene Gegenstände nach Belieben zu benutzen. Wenn du als dein Schwert sogar das annehmen kannst, das du deinem Gegner abgenommen hast, während du selbst keines hattest, solltest du da nicht auch von allem anderen Gebrauch machen können, was zur Hand ist? Selbst mit einem Fächer solltest du einen Gegner, der ein Schwert hält, besiegen können. Nicht-Schwert bedeutet das Bereitsein, dies zu tun. Nimm an, du läufst mit einem Bambusstock herum und trägst kein Schwert, wenn jemand dich mit seinem Langschwert angreift. Wenn du dann mit deinem Stock parierst, dem Gegner sein Schwert abnimmst (auch wenn du das nicht unbedingt mußt) und ihn im Zaum hältst, ohne verletzt zu werden, dann gewinnst du. Betrachte solch einen Geist als das, was Nicht-Schwert wirklich bedeutet.

Nicht-Schwert heißt: weder das Schwert des Gegners nehmen noch ihn niederstrecken. Wenn dein Gegner dich unbedingt schlagen will, nimm ihm sein Schwert ab. Doch das soll nicht von Beginn an deine Absicht sein. Du sollst statt dessen lernen, gut abzuschätzen. Du mußt lernen, wieviel Abstand zwischen deinem Gegner und deinem Körper nötig ist, damit sein Schwert dich nicht treffen kann. Bei guter Einschätzung dieses Abstandes mußt du das Schwert des Gegners nicht fürchten, und wenn es nach dir schlägt, wird dein Geist flexibel genug sein, die Kraft des Schlages abzuschätzen. Du wirst das gegnerische Schwert nicht nehmen können, solange du weit genug weg bist, um nicht getroffen zu werden. Du kannst das Schwert nur in der Distanz bekommen, in der es dich berühren könnte. Laß das Schwert zuschlagen, um es nehmen zu können.

Nicht-Schwert ist die Bereitschaft, deinem Gegner ein Schwert zu gestatten und ihn mit deinen eigenen Händen als Werkzeuge zu bekämpfen. Das Schwert ist lang, die Hände sind kurz. Sie werden nichts nutzen, solange du deinem Gegner nicht so nahe kommst, daß er dich treffen kann. Du mußt dir ausrechnen, wie deine Hände das gegnerische Schwert bekämpfen können. Das bedeutet einen Weg zu finden, das gegnerische Schwert an dir vorbeigehen zu lassen, so daß du dich mit einer raschen Bewegung unter dessen Griff bringen und das Schwert ergreifen kannst. Im kritischen Moment darfst du dich nicht mit deinem Gegner verheddern. Jedenfalls kannst du ihm sein Schwert nicht entwenden, wenn du ihm nicht ganz nahe kommst.[73]

Nicht-Schwert ist das alleinige Geheimnis dieser Schule. Haltungen, Schwertpositionen, die Einschätzung der Kampfzone, Abstand, Bewegung, geistige Arbeit, *tsuke*, Angriff, Täuschung – all das entwickelt sich aus dem Erlernen des Nicht-Schwertes. Nicht-Schwert ist der zentrale Punkt aller wichtigen Dinge.

Daiki Taiyû[74]

Alles besitzt ein *tai*, ein Numenon, und ein *yû*, ein Phänomenon. Wo *tai* ist, ist auch *yû*. Zum Beispiel ist der Bogen *tai*; die Handlungen des Spannens, Abschießens und Treffens sind *yû*. Die Lampe ist *tai*; das Licht ist *yû*. Wasser ist *tai*; Feuchtigkeit ist ein *yû* des Wassers. Die Pflaume ist *tai*;

wenn du von ihrem Duft oder ihrer Färbung sprichst, dann redest du von ihrem *yû*. Das Schwert ist *tai*; damit zu schlagen ist *yû*.

In diesem Sinn ist *ki*, der Geist, ein *tai*, und die Dinge, die aus dem *ki* kommen und auf verschiedene Arten wirken, sind *yû*. Wie Blumen blühen, sich Farben zeigen und Düfte entstehen aufgrund der Existenz eines *tai* namens Pflaume, so treten Bewegungen *tsuke, kake,* Täuschen und *ken-tai* nach außen, weil innen bereits ein *ki* existiert. Solche äußeren Auswirkungen werden *yû* genannt. Das *dai* von *daiki* bedeutet »groß« und ist eine Ehrenbezeichnung.

Wenn ein Zen-Mönch sich frei und nach Belieben verhält und alles, was er sagt und tut, sich mit dem grundlegenden Prinzip deckt, sagt man, daß er göttliche Fähigkeiten erlangt habe, *daiki taiyû*. Göttliche Fähigkeiten oder göttliche Transformation bedeutet kein mysteriöses Handeln eines Dämons oder Gottes, der aus der Leere entsprungen wäre, sondern völlige Freiheit in allem Tun. Zahllose Schwertpositionen, Täuschungen, Fallen, der Umgang mit verschiedenen Gegenständen, hochzuschnellen, zurückzuspringen, eine Klinge zu ergreifen, nach unten zu treten, sich verschiedenartig zu bewegen, Freiheit in anderen Dingen zu erlangen als denen, die man erlernt hat[76] – all das wird vollständiges *yû* genannt. Solange du nicht innerlich zu jeder Zeit mit *ki* ausgerüstet bist, wird vollständiges *yû* sich nicht manifestieren.

Wachsamkeit

Selbst wenn du in einem Gästezimmer sitzt, schaust du zuerst nach oben, dann nach rechts und links und bleibst wachsam für den Fall, daß etwas von oben ohne Warnung auf dich herabfällt. Wenn du nahe an einer Schiebetür sitzt, mußt du darauf vorbereitet sein, daß sie auf dich stürzt. Wartest du auf einen Adligen oder eine Person von herausragendem Rang, mußt du wachsam bleiben, da etwas Unvorhergesehenes geschehen könnte. Gehst du durch ein Tor, darfst du genausowenig unaufmerksam sein. Ständig so wachsam zu sein ist möglich mit *ki*.[77]

Mit einem innerlich ständig verfügbaren *ki* kann eine rasche, wirksame Antwort kommen, wenn sie gebraucht wird. Solch eine Antwort ist *yû*. Doch wenn das *ki* nicht reif ist, wird sich kein *yû* zeigen. Wenn du bei allem, was du tust, wachsam bleibst und Erfahrung ansammelst, wird dein *ki* reifen und *yû* daraus resultieren. Wird dein *ki* aber steif und fest, gibt es auch kein *yû*. Wenn dein *ki* reif wird, dehnt es sich im ganzen Körper aus, und *yû* wird sich in deinen Händen, Füßen, Augen und überall zeigen, wo es benötigt wird.

Im Angesicht von jemandem mit großem *ki* und *yû* wird ein Schwertkämpfer, der nur tun kann, was er gelernt hat, nicht einmal einen Finger heben können. »Niederstarren« ist kein Märchen. Wenn jemand mit großem *ki* seinen Gegner anstarrt, wird dieser davon in den Bann gezogen, wie angewurzelt stehenbleiben und vergessen, sein Schwert zu ziehen. Wenn er nur ein Augenzwinkern zurückbleibt, ist er verloren. Wenn eine Katze starrt, wird eine Ratte vom Himmel fallen. Verwirrt vom Starren der Katze, wird die Ratte einen Fehltritt machen und hinunterfallen. Ein unfertiger Kämpfer, der einen Menschen mit großem *ki* trifft, ist wie eine Ratte, die einer Katze begegnet.

Großes *Yû*

Ein Zen-Spruch lautet: »Wenn sich großes *yû* manifestiert, überschreitet es Regeln.«[78] Ein Mensch des *daiki taiyû* hält sich nicht bei Dingen auf, die er gelernt hat, auch nicht bei Gesetzen. Bei allem gibt es Dinge, die gelernt werden müssen sowie Gesetze und Vorschriften. Wer den höchsten Zustand erreicht hat, wischt sie beiseite. Er tut alles frei und nach Belieben. Jemand, der sich jenseits der Gesetze begibt und nach eigenem Wunsch handelt, wird ein Mensch des *daiki taiyû* genannt.

ki ist auch ein Stadium, in dem du die Dinge ohne innerem Irrtum im Auge behältst. Wird deine Aufmerksamkeit jedoch übermäßig und steif, bindet sie dich und macht dich unfrei. Dies ist ein *ki*, das noch nicht reif ist. Wenn du Erfahrung gesammelt hast, wird *ki* in deinem ganzen Körper reifen, schmelzen und sich ausbreiten. Dann kannst du dich frei bewegen. Dieses Stadium wird großes *yû* genannt.

Ki, die Tür und der Geist

ki ist auch die »Tür des Geistes« *(KI)*[79]. *ki* hängt davon ab, wo es sich befindet. Der Geist ist der innerste Bezirk und das *KI* die Eingangstür. *ki* ist das Türschloß. Der Geist ist der Meister des Körpers und lebt darum im innersten Bezirk. Das *KI* stellt sich selbst an die Tür und wirkt nach außen für seinen Meister, den Geist. Der Geist kann gut oder böse sein, das hängt davon ab, ob das *ki* Gutes oder Böses tut, nachdem es die Tür durchschritten hat und nach draußen gegangen ist. Das *KI* ist, wenn es die Tür bewacht und sich auf rechte Weise verhält, das gleiche wie *ki*.

Ob jemand, nachdem er die Tür aufgeschlossen hat und nach draußen gegangen ist, Gutes oder Böses tut oder etwas höchst Spektakuläres, hängt von der Entscheidung ab, die vor dem Öffnen der Tür getroffen wurde. Darum ist das *ki* so bedeutsam. Wenn es richtig wirkt, wird sich draußen ein großes *yû* zeigen.

Du gehst also nicht fehl, wenn du *ki* und *KI* für das gleiche hältst. Die Unterscheidung stammt von dem Ort, an dem sie sich befinden. Obwohl ich den »innersten Bezirk« und »die Tür« erwähnt habe, gibt es keine festgelegten Stellen im Körper, die so bezeichnet werden könnten. Dies sind Hilfsmittel, um die Dinge leichter erklären zu können. Es ist wie mit einer Rede. Du kannst sagen, der Anfang einer Rede sei der Beginn und das Ende der Rede der Schluß. Doch in Wahrheit haben gesprochene Worte selbst kein solch festlegbares Wesen.

Veränderlicher Geist

Ein Vers vom Heiligen Manura[80] lautet:

Der Geist verändert sich, folgt Myriaden von
  Geschehnissen;
wie er sich verändert, das wird kaum verstanden.

Dieser Vers wird im Zen für esoterisch gehalten. Ich zitiere
ihn hier, weil seine Bedeutung von zentraler Wichtigkeit für
die Schwertkampfkunst ist. Wer nicht Zen studiert, mag ihn
zuerst für schwer faßbar halten.

»Myriaden von Geschehnissen« bedeuten in der Schwertkampfkunst die zahllosen Bewegungen, die dein Gegner
macht. Dein Geist verändert sich bei jeder dieser Bewegungen. Wenn zum Beispiel dein Gegner sein Schwert hebt,
wird sich dein Geist dorthin bewegen; wenn der Gegner das
Schwert auf seine rechte Seite bewegt, wird dein Geist sich
auf seine rechte Seite verlagern, wenn der Gegner es nach
links bewegt, verschiebt sich auch dein Geist auf die linke
Seite deines Gegners. Das ist die Bedeutung der ersten Zeile
des Verses.

Für die Schwertkampfkunst ist die zweite Zeile entschei-
dend: »wie er sich verändert, das wird kaum verstanden.«[81]
Der Geist verläßt seine Spur nicht, doch er ist wie »ein
Boot, das davonrudert und seine Spur in weißen Wellen ver-
liert«[82] – die Spur verschwindet, während es sich vorwärts
bewegt und nicht anhält. »Kaum verstanden« heißt, daß dein
Geist nicht hier und da verweilen sollte. Wenn er an einem
Ort haftet, wirst du den Schwertkampf verlieren. Es wäre

eine Katastrophe, wenn der Geist verweilte, statt sich zu verlagern.

Weil der Geist weder Farbe noch Form hat, ist er fürs
Auge unsichtbar. Doch wenn er anhaftet und verweilt, wird
er sichtbar. Er ist wie weißer Stoff. Wenn du Scharlachrot auf
den Stoff überträgst, wird er scharlachrot. Überträgst du
Rosa auf ihn, wird er rosa. Auch der menschliche Geist wird
sich selbst offenbaren und sichtbar werden, wenn man ihn
auf etwas anderes überträgt. Wenn du deinen Geist Knaben
und jungen Männern zuwendest,[83] werden es die Leute bald
wissen. Wenn du innen einen Gedanken hast, wird er sich
außen zeigen. Beobachtest du gespannt die Bewegungen deines Gegners, indem dein Geist ebenda verweilt, wirst du
eine Niederlage kassieren.

Mit dem obigen Zitat will ich sagen: Laß deinen Geist
nirgends anhaften. Ich werde die anderen beiden Zeilen des
Gedichtes nicht zitieren. Lerne es, wenn du Zen studierst.
Für die Schwertkampfkunst genügen die beiden obigen Zeilen.

Schwertkampfkunst und Buddhismus

Die Schwertkampfkunst stimmt mit dem Buddhismus und
dem Zen in vielerlei Hinsicht überein. Alle verachten sie das
Anhaften, jenes Stadium, bei etwas zu verweilen. Nicht anzuhaften ist der entscheidende Punkt. Beachte das *tanka*, das
ein Freudenmädchen aus Eguchi als Antwort an den Priester
Saigyô[84] verfaßte:

Ich höre, du bist einer, der sein Zuhause verlassen hat;
ich wünsche nur, daß dein Geist nicht
in dieser vergänglichen Hütte verweilt.

In der Schwertkampfkunst ist nichts Falsches daran, der zweiten Hälfte dieses *tanka* tiefe Aufmerksamkeit zu schenken. Egal, welche geheim übermittelte Technik du benutzen magst, wenn du deinem Geist erlaubst anzuhaften, wirst du deinen Kampf verlieren. Ob es die Bewegung deines Gegners oder deine eigene ist, ob beim Schlagen oder beim Stoßen, wichtig ist, daß du deinen Geist so trainierst, daß er nirgendwo anhaftet.

Lung-chis Worte

Lung-chi[85] sprach einst zu seiner Gemeinschaft:

Sieh keine Säule in dieser Säule, die existiert;
sieh keine Säule in dieser Säule, die nicht existiert.
Wirf Existenz und Nicht-Existenz vollständig ab
und erfasse die Wahrheit hinter den beiden.

Uns wird gelehrt, diese Worte auf alles anzuwenden, was wir tun. Ich zitiere sie hier, weil ein gewisser Weiser[86] auf ihre Verbindung zur Schwertkampfkunst hinwies.

Die Säule, die existiert, und die Säule, die nicht existiert, bedeuten nicht Existenz und Nicht-Existenz oder Gut und Böse, die sicherlich in unserem Geist bestehen und sich wie Säulen erheben. Die Säule, die existiert, im Geist zu behalten, ist schlimm genug; das gleiche mit der Säule zu tun, die nicht existiert, ist noch schlimmer. Darum lautet der Rat: Sieh keine von beiden Säulen. Existenz und Nicht-Existenz, Gut und Böse – das sind Krankheiten des Geistes. Solange du deinen Geist nicht dieser Krankheiten entledigst, wird er zu nichts gut sein, egal, was du tust. Darum heißt es: »Wirf Existenz und Nicht-Existenz vollständig ab und erfasse die Wahrheit hinter den beiden.« Wirf Existenz und Nicht-Existenz ab. Lebe statt dessen inmitten von beidem. Entwickle und erhebe dich zum höchsten Zustand, während du in beiden lebst. Selbst wenn du das buddhistische Gesetz erlangt hast, wirst du dem scharfsichtigen Auge wahrhaft dankbar sein, das Existenz und Nicht-Existenz überschreitet.

Wirf selbst das Wahre Gesetz ab

»Wirf selbst das Wahre Gesetz ab, erst recht jedes falsche.«[87]

Wenn du einmal etwas verstanden hast, laß es nicht in deinem Geist verweilen, selbst wenn es das Wahre Gesetz ist. Selbst das Wahre Gesetz wird zu Staub, wenn du es einmal verstanden hast. Über falsche Gesetze muß erst gar nichts gesagt werden. Nachdem du alle Prinzipien erkannt hast, laß keines in deinem Geist verweilen. Schneide sie ab, eins nach dem andern, und halte deinen Geist leer, damit du dich aus einem natürlichen Geisteszustand heraus verhalten kannst.

Solange du dieses Stadium nicht erreichst, kannst du kaum ein Meister der Schwertkampfkunst genannt werden. Ich spreche hier von Schwertkampfkunst, weil sie unsere Familie betrifft. Doch ist diese Beobachtung nicht auf die

Schwertkampfkunst beschränkt, sie kann auf jeden anderen Bereich des Bemühens angewandt werden. Wenn du dir der Schwertkampfkunst bewußt bist, während du sie anwendest, ist das eine Krankheit. Wenn du dir des Abschießens eines Pfeiles bewußt bist, bist du am Bogenschießen erkrankt. Wenn du hingegen in natürlichem Geisteszustand ein Schwert und einen Bogen benutzt, solltest du frei mit dem Schwert umgehen können und keine Probleme mit dem Bogen haben. Ein natürlicher Geist, den nichts überraschen kann, ist in allem gut. Wenn du deinen natürlichen Geisteszustand verlierst und versuchst, etwas zu sagen, von dem du glaubst, es unbedingt sagen zu müssen, wird deine Stimme zittern. Wenn du deinen natürlichen Geist beim Schreiben einbüßt, wird deine Hand zittern. Ein natürlicher Geist ist einer, in dem nichts zurückgeblieben ist; alles ist abgeschnitten, er ist leer. Leser konfuzianischer Bücher verstehen dieses Prinzip des leeren Geistes nicht, sondern beschäftigen sich ausschließlich mit der Bedeutung des Schriftzeichens *kei*.[88] Ein solcher Geist hat nicht den höchsten Zustand erreicht. Man sagte mir, er befinde sich nur auf der ersten oder zweiten Stufe der Übung.

Das erste und zweite Buch wurden »Zweischneidige Klinge« und »Lebenspendende Klinge« genannt. Eine zweischneidige Klinge, die Menschen tötet, ist in Wahrheit ein Schwert, das ihnen erlaubt zu leben. In einer verwirrten Welt werden viele Menschen grundlos getötet. Eine todbringende Klinge wird eingesetzt, um Frieden in eine solche Welt zu bringen. Doch ist einmal der Frieden erlangt, wird dieselbe Klinge zum lebenspendenden Schwert, nicht wahr?

Buch 3:
Die Schuh-Opfer-Brücke[89]

Der ursprüngliche Titel dieses Buches, *Shinrikyô*, verweist auf eine Anekdote aus der frühen Han-Dynastie (206 v. Chr. – 220 n. Chr.), wie sie vom Historiker Ssu-ma Ch'ien (145?–90? v. Chr.) erzählt wurde: Einmal verlor ein alter Mann, als er eine Brücke überquerte, einen Schuh, der unter die Brücke fiel. Sofort sprang ein junger Mann, der sich in der Nähe aufhielt, hinunter, um den Schuh zurückzuholen. Wie sich herausstellte, war der alte Mann der bekannte Einsiedler Huang-shih Kung. Gerührt vom Verhalten des jungen Mannes, lehrte er diesen die Kunst des Krieges, wie sie vom Weisen Lü Shang im elften Jahrhundert v. Chr. entwickelt worden war, von dem man auch sagt, er habe den mythologischen weisen König Wen in militärischen Angelegenheiten beraten. Der so unterwiesene junge Mann hieß Chang Liang und nutzte später sein Wissen, um Liu Pang (247–195 v. Chr.) zu helfen, das Land zu befrieden und die Han-Dynastie zu begründen.

Das Buch der *Shinkage*-Schule der Schwertkampfkunst

Die Drei Elemente[90]

- Stellung
- Arme und Beine
- Schwert

Beginne deine Übungen mit den drei obengenannten Elementen, sie sind das Eingangstor für Anfänger.[91] Dazu lerne die folgenden fünf Anweisungen für Stellungen, wenn man einem Feind gegenübersteht:

- Halte deinen Körper seitlich zum Gegner.
- Bringe deine Schultern auf gleiche Höhe wie die Fäuste des Gegners.
- Bilde mit deinen Fäusten ein Schutzschild.
- Drücke deinen linken Ellbogen durch.
- Verlagere dein Gewicht auf das vordere Knie und drücke das hintere durch.

Die obengenannten Punkte beschreiben die Ausgangsstellung. Sie wird »das Rad« genannt. Dies ist die Art, wie du dein Schwert halten sollst. Weil du dein Schwert rotieren kannst, haben wir sie »das Rad« genannt. Halte dein Schwert seitlich. Laß deinen Gegner auf deine linke Schulter hin schlagen, rotiere dein Schwert, wenn er es tut, und gewinne so. Behalte eine niedrige Stellung bei.[92]

Deine Stellung soll den Gegner daran hindern, dich niederzustrecken. Das ist wie eine Burg zu bauen und einen

Graben drumherum auszuheben, um den Feind fernzuhalten. Die Stellung ist nicht dazu da, deinen Gegner zu verletzen. Greif nicht zufällig an, sondern halte dich sorgsam bereit, damit dein Gegner dich nicht treffen kann. Aus diesen Gründen ist dies die Stellung, die du zuerst lernen mußt.

Die Ersten Fünf Arten[93]

Ittô Ryôdan: Den Gegner mit einem Schlag halbieren

Auf den Abbildungen wird der Gegner auf der linken Seite
dargestellt. Du stehst dem Gegner seitlich gegenüber, hältst
dein Schwert in der Rechten, nach unten zeigend, die
Schwertspitze von dir weg weisend. Wenn der Gegner sein
Schwert auf deine linke Schulter niederschlägt, schwinge
dein Schwert hoch und triff in einem Halbkreis (dem »Rad«)
seine Fäuste. Wenn du das tust, wird deine linke Schulter
sich aus ihrer ursprünglichen Position wegdrehen und dem
gegnerischen Schwert ausweichen.

Wegen der niedrigen Stellung, die du dabei einnimmst,
wird diese Technik *chinryû* genannt: »ein Drachen, der im
Wasser kriecht«.

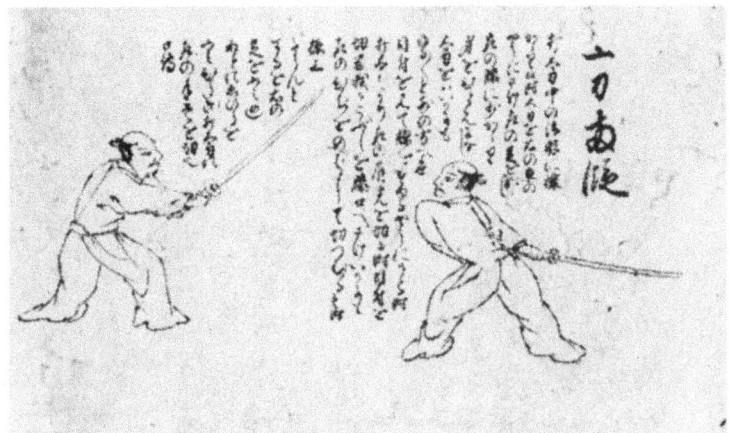

Zantei Setsutetsu: **Nägel zerschneiden, Stahl durchtrennen**

Wenn der Gegner sein Schwert wie ein Schild direkt vor sich hält, kreuze dein Schwert ein paar Zentimeter unterhalb der Spitze. Wenn er versucht, dein Schwert beiseite zu schieben, gib nach, dann schwinge es schnell mit all deiner Kraft in seinen rechten Arm. Oder mache mit deinem linken Bein einen Schritt vorwärts und triff seine Fäuste oder seinen Arm in dem Moment, in dem er auf deine rechte Schulter hin schlägt. Wenn er dann sein Schwert zu einem zweiten Schlag hochschwingt, triff sein linkes Handgelenk mit einem Aufwärtsschwung.

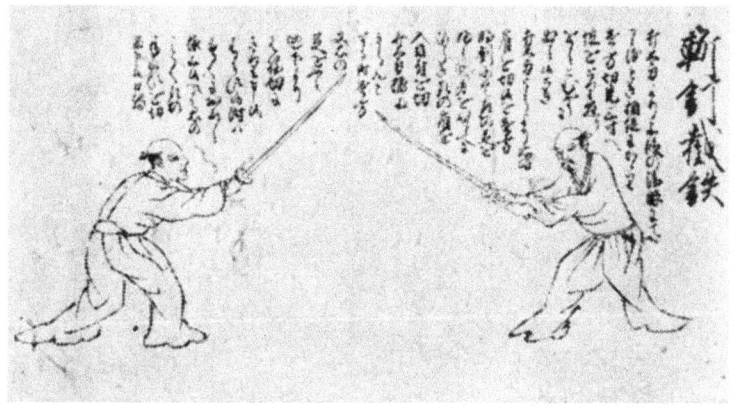

Hankai Hankô: Sich teilweise zuwenden

Wenn der Gegner sein Schwert etwas rechts hält und auf deine Fäuste zielt, weichst du dem Schlag aus, indem du dein Schwert und dich auf die rechte Seite des Gegners bringst. Wenn er dann sein Schwert hochschwingt, geh nach vorn und schlage sein linkes Handgelenk.

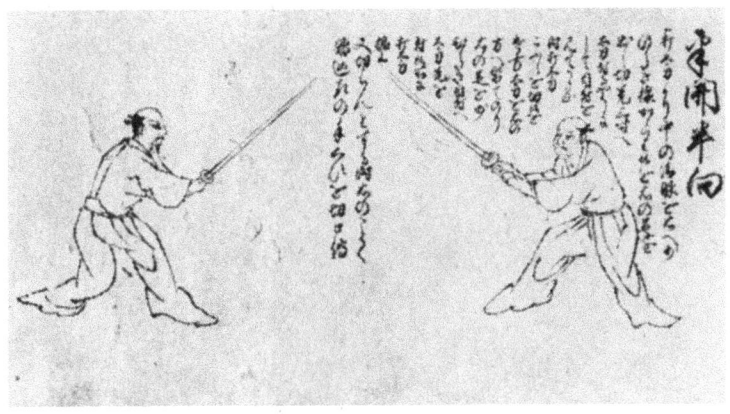

Usen Saten: Sich nach rechts drehen, sich nach links wenden

Eine Technik für den schnellen Nahkampf. Wenn der Gegner auf deinen linken Arm zielt, gleitest du nach links unter dem Schwert durch und schlägst seinen rechten Arm. Wenn er auf deinen rechten Arm zielt, machst du einen Ausfallschritt nach rechts und schlägst seinen linken Arm.

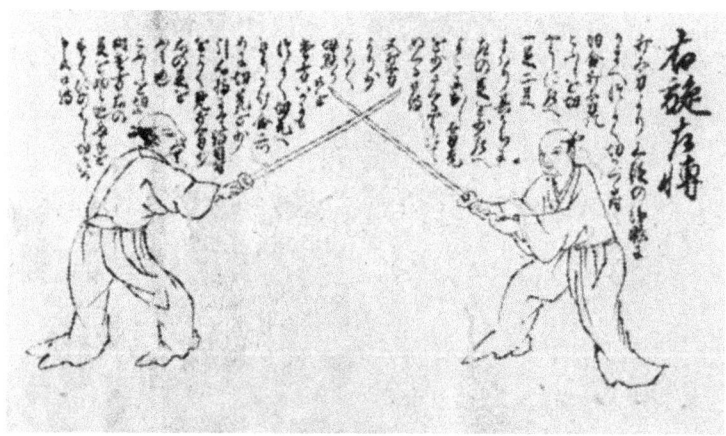

Chôtan Ichimi: Lang und kurz sind eins

Wenn dein Gegner etwas zu weit weg von dir ist und fort-
fährt, deine Bewegungen einzuschätzen, ohne jedoch zu
schlagen, nutze eine passende Gelegenheit, um dein Schwert
in eine niedrige Position zu bringen, halte es unterhalb deines Bauches und strecke deine linke Schulter nach vorn.
Schlägt dein Gegner nach deiner Schulter, stoße dein
Schwert mit voller Kraft vor und bezwinge ihn.

Die Neun Arten[94]

Hisshô: Sicherer Sieg

Du hältst dein Schwert in einer Yin-Position – über der rechten Schulter, die Klinge nach oben und rückwärts gerichtet. Wenn dein Gegner mit einer Abwärtsbewegung auf deine Fäuste hin schlägt, triffst du ihn mit deinem Schwert von der Seite durch eine Abwärtsbewegung; während er sein Schwert zu einem zweiten Schlag anhebt, schlägst du seine Hände mit einer Aufwärtsbewegung.

Gyakufû: Seitenwind

Du hältst dein Schwert in einer Yin-Position, bewegst dich schnell auf die linke Seite deines Gegners und erteilst ihm einen Abwärtsschlag. Weicht er aus, bringst du dein Schwert auf deine linke Seite und schlägst seine Hände, wenn er sein Schwert hebt. Wenn der Gegner mit einer Abwärtsbewegung zu treffen sucht, schlägst du sein Schwert zur Seite und triffst seinen rechten Arm mit einem Umkehrschwung.

Der Name dieser Technik mag von der wirbelnden Bewegung des Schwertes herrühren.

Jûtachi: **Kreuzförmiges Schwert**

Wenn du dich entscheidest, daß deinen Gegner abzuwehren zu nichts führt, suchst du nach einem passenden Moment, um dein Schwert bis zu deinem Nabel zu senken und es horizontal zu halten, direkt vor dir, mit dem linken Bein vorn. Wenn dein Gegner vorgeht, tust du das gleiche; und wenn er zuschlägt, triffst du sein rechtes Handgelenk oder seine Fäuste mit einem Aufwärtsschwung. Wenn der Gegner nicht vorgeht, sondern mit einem Abwärtshieb aus der Ursprungsposition zuschlägt, hebst du dein Schwert und triffst seine Arme mit einem schrägen Seitenhieb.

Der Name dieser Technik könnte von der annähernden Kreuzform stammen, die die Klinge deines Schwertes mit dem Griff des feindlichen Schwertes bildet, wenn du dein Schwert in Höhe des Bauchnabels hältst.

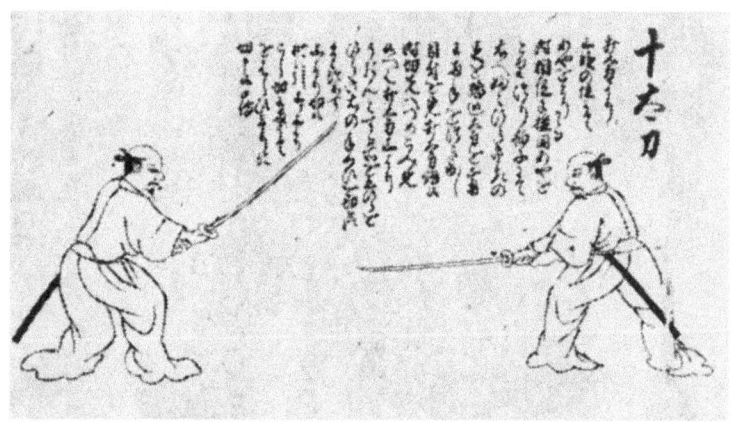

Kaboku: Erweichen

Wenn der Gegner sein Schwert vor sich hält und dir frontal gegenüber steht, ohne sich zu bewegen, gehe nach vorn und berühre sein Schwert mit deinem von der rechten Seite aus, ein paar Zentimeter unterhalb der Spitze. Wenn er daraufhin sich vorwärts bewegt, tritt zur Seite und schlage auf seine Fäuste.

Shôkei: **Abkürzung**

Diese Technik wird auf engem Raum, zum Beispiel in einer Gasse benutzt, wo das Schwingen langer Schwerter schwierig ist. Greift der Angreifer aus einer Yin-Position an, stoppst du ihn, indem du mit der linken Hand den Griff deines Schwertes hältst und mit der Rechten den Klingenrücken. Dann drückst du das gegnerische Schwert hoch und deines auf ihn hinunter oder stößt dein Schwert von dem Punkt, wo du seinen Abwärtshieb gestoppt hast, vorwärts in ihn hinein.

Dieser Technik sagt man nach, daß sie die Art mentaler Vorbereitung erfordert, die man benötigt, wenn man überhaupt kein Schwert bei sich trägt.

Kozume: Schwierige Abwehr

Du hältst dein Schwert in einer Yin-Position oder über deinen Kopf. Wenn der Gegner nach vorn geht, ziehe dein rechtes Bein etwas zurück, und im Moment seines Schlages tritt nach vorn und triff seine Arme.

Ôzume: Große Abwehr

Wenn der Gegner sein Schwert so hält wie du deines – direkt vor sich –, suche nach einer Gelegenheit, in sein Gesicht zu schlagen, und ziele auf seine Fäuste. Oder hebe dein Schwert ein wenig an und schlage zu, wenn der Gegner sich etwas nach vorn bewegt.

Ist der Augenblick dafür nicht richtig gewählt, wird wahrscheinlich der Gegner im selben Augenblick dich treffen, in dem du ihn triffst – eine Situation, die man vermeiden sollte.

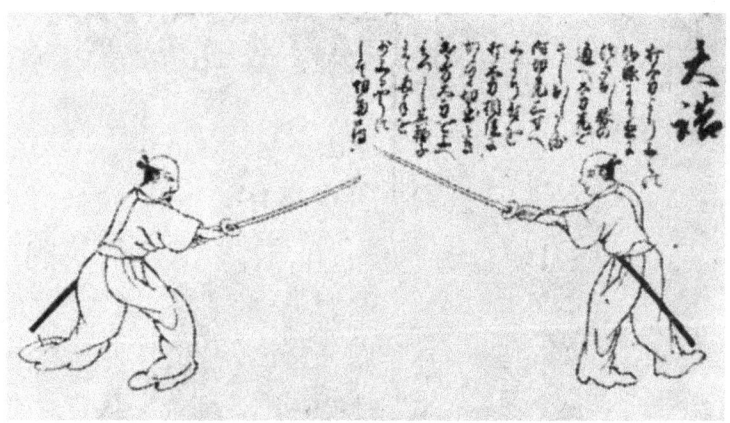

Yaegaki: Achtfaches oder doppeltes Fechten

Wenn der Gegner sein Schwert niedrig an seinem rechten Knie hält, nimmst du ebenfalls dein Schwert herunter und berührst das des Gegners mit deinem ein paar Zentimeter unterhalb der Spitze. Wenn der Gegner dein Schwert zur Seite drücken will, stößt du deines vorwärts in seine Brust.

Dies wird »In eine Löwenhöhle vordringen« genannt.

Murakumo: Aufziehende Wolke

Wenn die Bewegungen beider Kämpfer nirgendwo hin-
führen, suche eine Gelegenheit, dein Schwert bis zum rechten Knie abzusenken. Wenn der Gegner auf deine Fäuste
schlagen will, bewege dein linkes Bein nach vorn, weiche seinem Schwert aus und schlage auf seinen Arm.

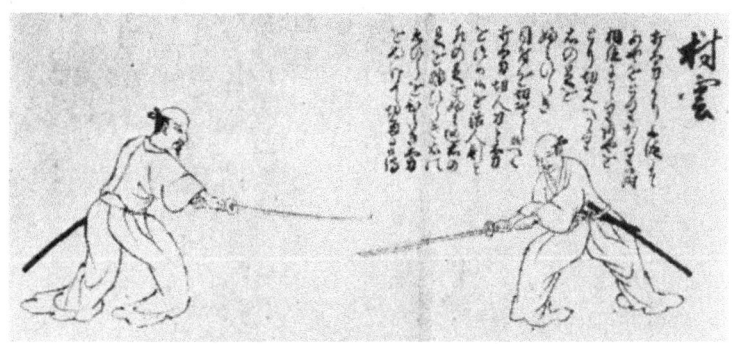

Die Acht Kobold-Techniken[95]

Kasha (oder *Kôrinhô*): Blumenrad

Wenn der Gegner mit einem Abwärtshieb nach dir schlägt, blockiere sein Schwert mit deinem, bringe deinen rechten Fuß nach vorn und schlage nach ihm. Wenn er nach vorn kommt, um dich zu treffen, weiche nach links aus, bringe deinen rechten Fuß nach vorn und schlage auf seine Fäuste.

Wenn der Gegner eine Wartestellung einnimmt und sein Schwert auf keine besondere Weise hält, bewege dich vorwärts bis in Schlagdistanz und halte dein Schwert zur Rechten. Schlägt der Gegner auf deine linke Schulter hin, schlage zurück und gewinne.

Akemi (oder *Fûgenbô*): Offener Körper

Während du abwehrst, bewegst du dich vor, um einen Angriff vorzutäuschen, und berührst das Schwert deines Gegners ein paar Zentimeter unterhalb der Spitze. Wenn der Gegner den Köder schluckt und auf deine Fäuste zielt, weiche sofort aus und schlage auf seine Fäuste. Oder trete vor und triff seinen Arm, sobald er versucht, dein Schwert mit seinem beiseite zu drücken.

Zentai (oder *Tarôbô*): Warten

Wenn der Gegner aus mittlerer Position nach deinen Fäusten schlägt, blocke sein Schwert mit deinem von oben herab. Versucht er, sein Schwert herunterzuziehen, um deinen Ellbogen dann mit einer Aufwärtsbewegung zu erwischen, stoße dein Schwert kräftig vor und triff seine Fäuste.

Tebiki (oder *Eiibô*): Fallenstellen

Wenn das Abwehren nirgendwo hinzuführen scheint, täusche plötzlichen Rückzug durch das Absenken deiner Fäuste vor. Wenn der Gegner anbeißt und auf deine Fäuste zielt, wechsle schnell die Stellung deiner Füße – vor und zurück –, reiße deine Fäuste nach rechts, um dem kommenden Hieb auszuweichen, und triff seine Fäuste.

Ranken (oder *Shutokubô*): **Wildes Schwert**

Du attackierst die rechte Seite des Gegners, indem du dein linkes Bein nach rechts bewegst und deinen Körper seitlich hältst. Wenn du nach seinem Schwert schlägst, während du deines in einer Hand hältst, reißt er seines hoch und zielt dann auf deine linke Schulter. Geschieht das, triffst du sein Schwert mit einem Aufwärtsschwung und schlägst – dein Schwert in beiden Händen haltend – nach seinen Fäusten.

Jo (oder *Nigusoku* oder *Chiraten*):[96] Einführung

Diese Technik dient dem Kampf mit einem Gegner, der zwei Schwerter hat. Wenn der Gegner diese vor sich gekreuzt hält, schlägst du auf die Kreuzung, um seine nächste Bewegung einzuleiten. Senkt er sein linkes Schwert und schlägt mit seinem rechten nach dir, setzt du deinen linken Fuß nach außen und triffst seine rechte Faust, wobei du deine Aufmerksamkeit sogleich auf das linke Schwert des Gegners richtest. Wenn er dich damit angreift, schlag nach seiner linken Faust.

Niemand kann zwei Schwerter gleichzeitig benutzen. Doch zwei Schwerter können in kurzer Aufeinanderfolge eingesetzt werden, und von Anfang an mußt du dich vor trickreichen Bewegungen hüten, die der Gegner vollführen könnte.

Nigusoku, ein weiterer Name für diese Technik, bedeutet »Zwei Werkzeuge«.

Ha (oder *Uchimono* oder *Karanbô*): Entwicklung

Dies ist eine andere Technik gegen jemanden, der zwei Schwerter benutzt. Wenn der Gegner mit dem Schwert in seiner Linken nach dir schlägt, bewege deinen rechten Fuß nach rechts und schlage dieses Schwert nieder. Zielt der Gegner mit seinem rechten Schwert auf deine Fäuste, weiche zurück und triff seine Faust.

Von Beginn an mußt du wissen, daß der erste Angriff, den der Gegner mit seinem linken Schwert macht, dazu dient, dich zu verwirren; doch du darfst dem keine Aufmerksamkeit schenken. Folge statt dessen schnell jeder Bewegung, so wie sie kommt.

Kyû (oder *Futarikake* oder *Konpirabô*): Finale

Eine Technik, um mit zwei Gegnern fertigzuwerden – einem zur Rechten, einem zur Linken. In dem Moment, wo du das Schwert des ersten Angreifers blockierst, richtest du deine Aufmerksamkeit auf den zweiten; in dem Augenblick, in dem dich der zweite angreift, achtest du schon wieder auf den ersten. Dies ist das Prinzip. In einem echten Kampf mußt du auf die beiden Gegner in schneller Folge eingehen, mit mächtigen Schlägen, in der Art der *Gyakufû* (Seitenwind)-Technik.

Wenn du dich drei Gegnern gleichzeitig gegenübersiehst, wird es schwer sein, dem Angriff des mittleren von ihnen zu begegnen. Also bewegst du dich blitzschnell zum Linken oder Rechten in der Gruppe, damit du nur einen Gegner zur gleichen Zeit konfrontierst und die Bewegungen der beiden anderen durch diese Person blockierst. Das gleiche gilt, wenn du es mit vier oder mehr Gegnern zu tun hast. Wichtig ist, innerhalb der Schlagdistanz des unmittelbaren Gegners zu bleiben, den du ausschalten willst. Wenn du dich aus der Schlagdistanz begibst, wirst du dich in Gefahr bringen, von den anderen umstellt zu werden.

Futarikake, ein weiterer Name für diese Technik, bedeutet: »Zwei angreifende Personen«.

Die sechs überlegenen Manöver[97]

Tensetsu Ransetsu: Nahe Hiebe, wilde Hiebe

Du hältst deinen Körper seitlich, dein Schwert beweglich über dem Kopf, mit der linken Hand umfaßt du den vorderen Teil des Griffes. Schlägt der Gegner mit einem Abwärtshieb nach dir, schwinge dein Schwert hinunter, um seine Handgelenke zu treffen. Wenn er dein Schwert beiseite haut, setze deine Aufwärts- und Abwärtsbewegungen fort, bis du gewinnst.

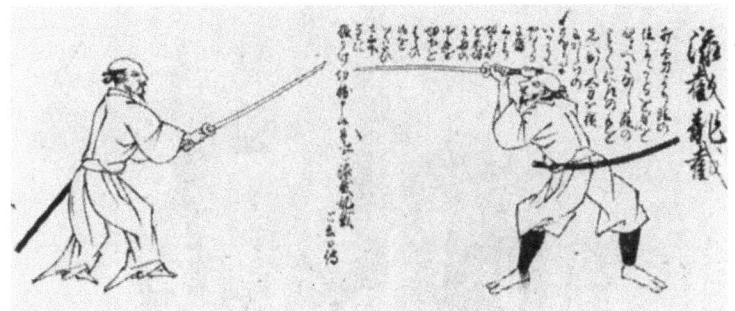

Gokui: Meisterschaft

Wenn der Gegner sein Schwert direkt vor sich hält und sich unbarmherzig auf dich zubewegt, halte dein Schwert rechts von dir nach unten, weiche seiner Annäherung aus, indem du deinen rechten Fuß schnell nach außen stellst, und wenn er an dir vorbeizieht, triff ihn von hinten.

Muniken: Unvergleichliches Schwert

Wenn der Gegner dir in der *tensetsu-ransetsu*-Stellung gegenübersteht, halte dein Schwert in einer niedrigen Position, mit dem rechten Fuß vorn und dem linken hinten. In dem Augenblick, wo er zuschlägt, triff ihn mit einer Aufwärtsbewegung.

Katsuninken: **Leben gebendes Schwert**[98]

Wenn der Gegner sein rechtes Bein bei gesenktem Schwert nach vorn stellt, nimmst du die gleiche Position ein und schätzt seine Bewegungen und die Schlagdistanz ab. Im Augenblick seines Hiebes gleite vor, schlage zurück und gewinne.

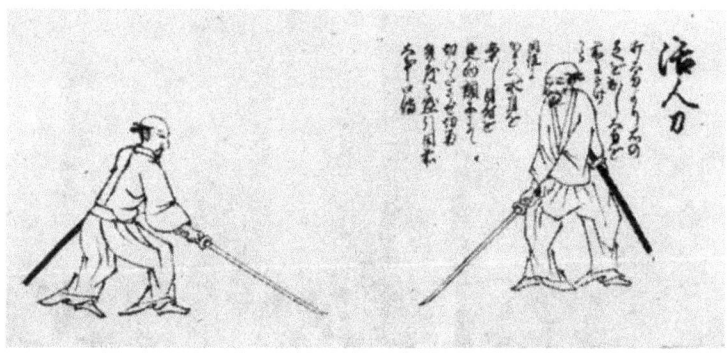

Shinmyôken: Heiliges Schwert

Wenn der Gegner die *katsuninken*-Stellung einnimmt, tue das gleiche und bewege dich vorwärts, um anzugreifen. Wenn er versucht auszuweichen, bewege dich zu ihm hin, plaziere dein Schwert quer über seiner Brust, setze dein linkes Bein zwischen seine Beine und bringe ihn zu Fall, indem du dein Knie gegen seines drückst.

Lerne all diese Techniken sorgsam, damit du selbst hunderte und tausende von Manövern erfinden kannst. »Drei Elemente« oder »Neun Arten« sind nur Verallgemeinerungen. Wenn du diese Kunst gemeistert hast, mußt du nicht mehr über so etwas wie die Anzahl der Manöver nachdenken.

Listen aushecken in den Zelten

»Indem er im Zeltlager Listen ausheckte, sicherte er einen Sieg in tausend Meilen Entfernung.«[99]

Das bedeutet: Durch vorzeitiges Entwickeln von Stratagemen[100] kannst du einen Feind besiegen, der sich tausend Meilen entfernt aufhält, bevor du ihn je auf dem Schlachtfeld getroffen hast. Wenn du diese Erkenntnis auf die Schwertkampfkunst übertragen willst, betrachte deinen Geist als Zeltlager. Bleibe aufmerksam, beobachte die Bewegungen und Handlungen deines Gegners, und täusche ihn auf verschiedene Weise, um zu sehen, wie er reagiert. Das kann man als »Listen aushecken in den Zelten« verstehen. Wenn du genau beobachtest, wie dein Gegner reagiert und ihn dann mit deinem Schwert besiegst, kannst du das als »Sieg in eintausend Meilen Entfernung« betrachten. Eine Schlacht zu gewinnen, indem man eine große Armee befehligt, sollte sich nicht davon unterscheiden, in einem Kampf Mann gegen Mann zu gewinnen. Gewinne eine Schlacht, an der große Armeen beteiligt sind, auf die gleiche Weise, in der du einen Kampf zweier Schwerter für dich entscheidest. Gewinn oder Verlust durch das Schwert hängen vom Geist ab. Mit dem Geist bewegst du Arme und Beine.

Jo, Ha, Kyû

jo, ha und *kyû*[101] bestehen aus 27 Kampfteilen *(kirai)*[102].

- *jo:*   *jôdan (3)*   *chûdan (3)*   *gedan (3)*[103]
- *ha:*   *jôdan (3)*   *chûdan (3)*   *gedan (3)*[104]
           [tôbô   *kirai*[105]   *sekkô]*
- *kyû:*   *jôdan (3)*   *chûdan (3)*   *gedan (3)*
           Jedes Teil in einem einzigen
           Taktschlag.[106]

Dieses Buch soll durch tatsächliche Übung gelehrt und gelernt werden und muß nicht weiter schriftlich ausgeführt werden. Gebt jemandem, der die hier aufgeführten Kampfmanöver gemeistert hat, eine Kopie dieses Buches als Beweis dafür, daß er ein Absolvent dieser Schule ist.

Dies habe ich für meine Nachfolger geschrieben.

Kamiizumi, Gouverneur von Musashi,
Fujiwara Hidetsuna
Der verstorbene Vater Yagyu, Gouverneur von Tajima,
Taira Muneyoshi
Sein Sohn Yagyu, Gouverneur von Tajima,
Taira Munenori

Ich nenne dieses Buch »Die Schuh-Opfer-Brücke«, weil Chang Liang einst Huang-shi Kung seinen Schuh zurückbrachte und von ihm zur Belohnung in der Kunst des Krieges unterrichtet wurde. Später erlangte der Herrscher Kaotsu durch jene Strategie die Kontrolle über das Land und begründete die Han-Dynastie, die vierhundert Jahre andauerte. Entsprechend habe ich die Essenz dieser Geschichte zusammengetragen und sie »Die Schuh-Opfer-Brücke« genannt. Der Weg der Schwertkampfkunst soll mittels dieses Buches als Brücke beschritten werden.

Das dritte Buch, »Die Schuh-Opfer-Brücke«, ist weithin ein Verzeichnis. Es wurde direkt von meinem verstorbenen Vater Muneyoshi und Fujiwara Hidetsuna überliefert. Dieses Verzeichnis soll kopiert und jedem Menschen weitergegeben werden, der diese Kunst gemeistert hat, damit er einen Beleg für die Übertragungslinie hat.

Die beiden anderen Bände enthalten Gedanken, die nach dem anfänglich Gelernten entwickelt wurden.[107] *Mein Vater verfeinerte diese Kunst sein ganzes Leben lang und vergaß sie nicht einmal im Schlaf oder beim Essen. So lernte er einige raffinierte Prinzipien und erklärte mir ihre Feinheiten und Grundlagen täglich. Wann auch immer es etwas gab, von dem ich dachte, ich hätte es gänzlich verstanden, versteckte ich es aufrichtig in meinem Geist.*[108] *Als Erwachsener ergriff ich das Schwert und erbte meines Vaters Berufung, auch wenn ich etwas noch zu meistern habe: die Freiheit. Doch als ich »das Alter des Wissens um die eigene Bestimmung«*[109] *überschritt, begann ich ein Gefühl für diese Kunst zu entwickeln. Seitdem habe ich zu jeder Zeit, da ich ein Prinzip verstand, Aufzeichnungen gemacht. Diese Sammlung hier deckt eine Anzahl von Themen ab. Letzlich jedoch kehrt alles zum »Einen Geist« zurück; der »Eine Geist« dehnt sich auf alle Dinge aus, die wiederum in dem »Einen Geist« zusammenlaufen. Das ist der Punkt.*

Nun, wo ich diese beiden Bände geschrieben habe, werde ich sie – zusammen mit dem ersten Band – meiner Familie vererben.[110]

Im neunten Monat des neunten Jahres von Kan'ei (1632).

Kamiizumi, Gouverneur von Musashi,
Fujiwara Hidetsuna
Der verstorbene Vater Yagyu, Gouverneur von Tajima,
Taira Muneyoshi
Sein Sohn Yagyu, Gouverneur von Tajima,
Taira Munenori

Nachwort des Herausgebers

Das *Heihô Kaden Sho* (wörtlich: »Innerhalb der Familie Yagyn überliefertes Buch der Schwertkampfkunst«) enthält die Ansichten von Kamiizumi Hidetsuna (1508?–1588) und Yagyu Muneyoshi (1529–1606) sowie von dessen Sohn Jagyu Munenori (1571–1646), der dieses Werk selbst verfasste.

Während der anderthalb Jahrhunderte, in denen diese drei Männer lebten, veränderte sich Japan grundlegend. Als Hidetsuna geboren wurde, befand sich das Land inmitten des »Zeitalters der kriegführenden Staaten«. Als Munenori starb, waren hingegen bereits die Grundlagen des Tokugawa-Shogunats (1603–1868) gelegt, die die fortdauernde Stabilität des Landes gewährleisten sollten.

Munenoris Dienst für Ieyasu in der Schlacht von Sekigahara wurde zum Wendepunkt für die Yagyu-Familie. Gerade ein Jahr zuvor hatte der siebzig Jahre alte Muneyoshi seinen letzten Willen niedergeschrieben, in dem er darum bat, daß im Falle seines »Todes an irgendeinem Ort« das Einkommen aus dem Verkauf der Teeutensilien für seine »Bestattung und andere Ausgaben des Haushaltes« verwendet werden sollte. Die Finanzen der Yagyu-Familie hatten sich seit 1594 vermindert, als ihre Felder von der Toyotomi-Regierung beschlagnahmt worden waren, weil die Familie es versäumt hatte, für eine Steuerschätzung Angaben zu machen. Nun jedoch gab der herrschende Tokugawa zum Dank für Munenoris Dienst die Felder an die Yagyus zurück, was einem jährlichen Einkommen von 2000 *koku*[111] entsprach. Im folgenden Jahr wurde Munenori ein zusätzliches Einkommen von 1000 *koku* zugestanden und man ernannte ihn zu Hidetadas Lehrer der Schwertkampfkunst.

Munenoris prominenter Aufstieg in der Tokugawa-Hierarchie erfolgte langsam und stetig. 1615, während des Osaka-Sommerfeldzuges,[112] bewies er seine Ehrenhaftigkeit als Leibwächter, indem er mühelos sieben Männer einer speziellen Angriffstruppe des Feindes tötete, die bis kurz vor Hidetadas Lager vorgedrungen war.[113] 1623 wurde er zu Iemitsus Lehrer der Schwertkampfkunst ernannt, der der dritte Shogun war (1604–1651, regierte von 1623–1651). Im Jahr 1632 wurde Munenoris Einkommen auf 6000 *koku* angehoben. Zwei Monate später wurde ihm der Titel des *ô-metsuke* verliehen, eines hochrangigen Generals. Die erste Pflicht dieser Stellung bestand darin, Daimyo – Samurai mit einem Mindesteinkommen von 10 000 *koku* – und andere wichtige Beamte zu überwachen.[114] Im gleichen Jahr vollendete Munenori sein tiefgründigstes Werk über die Schwertkampfkunst, das *Heihô Kaden Sho*.

1636 bekleidete Munenori durch sein jährliches Einkommen von 10 000 *koku* den prestigeträchtigen Rang eines Daimyo. Bei seinem Tod im Jahr 1646 belief sich sein Einkommen auf 12 500 *koku*. Er ist zweifellos der einzige professionelle Schwertkämpfer, der drei Shogunen diente, solch eine hohe Stellung erlangte und einen derartigen Einfluß auf die Regierung ausübte.

Über einen Schwertkämpfer von solcher Bedeutung wie Munenori wurden natürlich viele Geschichten erzählt. Obwohl die meisten von ihnen von den Schreibern späterer

Epochen erfunden wurden, mag ein Beispiel illustrieren, was die Volksseele von einem Schwertkämpfer im Range Munenoris erwartete.

Eines Tages im späten Frühling stand Munenori, bereits ein alter Mann, in seinem Garten und schaute den Kirschblüten beim Fallen zu, als er hinter sich eine plötzliche Bedrohung fühlte. Von einem vollendeten Schwertkämpfer wurde erwartet, selbst eine unsichtbare Bedrohung zu erspüren, darum war Munenori hinreichend beunruhigt, um sich umzudrehen, fand jedoch nur seinen Knappen vor, der ehrfurchtsvoll das Schwert hielt, wie es seine Pflicht war, doch nichts im mindesten Bedrohliches tat. Munenori zog sich, von seiner offensichtlichen Fehleinschätzung entmutigt, in sein Zimmer zurück.

Später am Abend erkundigte sich einer seiner Diener, warum er so unglücklich aussähe. Munenori erzählte, was am Tage geschehen war. Als sein Knappe, der dabeisaß, das hörte, gestand er beschämt etwas ein. Wie er nämlich so hinter Munenori im Garten gestanden hatte, fragte er sich, ob in solch einer friedvollen Umgebung sogar ein großer Schwertmeister wie Munenori von hinten mit einem Angriff überrascht werden könne. Es war also der *Gedanke* des Knappen, den Munenori als Bedrohung empfunden hatte. Diese Entdeckung stellte Munenoris gute Laune wieder her, und der Knappe wurde für seine Aufrichtigkeit gelobt.

Munenoris Einfluß

Munenori hatte beträchtlichen Einfluß auf das Tokugawa-Shogunat, ein guter Teil davon war sicher auf seine Stellung als Schwertkampflehrer des Shoguns zurückzuführen. Weil der Shogun sich für die Yagyu-Schule der Schwertkampf-kunst, *Shinkage*, entschieden hatte, erlangte sie Rechtmäßig-keit und Ansehen. Einige Daimyo suchten und erhielten di-rekte Anleitung von Munenori, ein paar davon widmeten sich besonders eifrig der Schwertkampfkunst und wurden herausragende Kämpfer.[115] Viele andere wählten Munenoris beste Schüler als ihre Lehrer.

Shinkage und das Heihô Kaden Sho

Die Schwertkampfkunst scheint, so wie wir sie kennen, im »Zeitalter der kriegführenden Staaten« in Japan aufgekom-men zu sein, in den hundert Jahren nach der zweiten Hälfte des 15. Jahrhunderts, als eine große Anzahl von Clanober-häuptern miteinander kämpfte, hauptsächlich um die eige-nen Gebiete zu schützen und nach Möglichkeit zu erwei-tern, doch auch um die Hegemonie über die ganze Nation zu erlangen – um Shogun zu werden, Vertrauter des Herr-schers oder Verantwortlicher für die militärischen Angele-genheiten des Staates.

Die *Shinkage*-Schule entstand aus der *Kage*-Schule, die auf Aisu Hisatada (1452–1538) zurückgeht. Was bedeutet *kage*? Hisatada äußerte sich nicht dazu, doch Hidetsuna, der »besondere Feinheiten« aus der *Kage*-Schule übernahm, als er seine eigene Richtung begründete, nahm an, daß *kage* bedeute, Passivität gegenüber Aktivität und Aggressivität vorzuziehen. In einem kurzen Schriftstück, das die *Shinkage*-Schule beschreibt und daß er im Jahr 1566 Muneyoshi übergeben haben soll, hält Hidetsuna fest, daß die Schule darauf abziele, »eine Reihe von Maßnahmen zu lehren, mit denen man flexibel auf einen Gegner reagieren kann, so wie jemand ein Segel handhabt, indem er den Wind beobachtet, und den Falken freiläßt, wenn er ein Kaninchen sieht.«

Yagyu Mitsuyoshi (1607–1650), Munenoris Sohn und selbst ein großer Schwertkämpfer, war da deutlicher. In seiner Abhandlung *Tsuki No Sho* (Bemerkungen über den Mond) sagt er: »Das Schwert der *Shinkage*-Schule ist keine Yang-Schneide, aber eine Ying *(kage)*-Klinge; es verlangt nach keiner Stellung, seine Stellung ist stellunglos. Das Prinzip der *Shinkage*-Schule besteht darin, seine Reaktionen an die Bewegungen des Gegners anzupassen. Es handelt sich um eine Schule, die nicht metzeln, nichts nehmen, nicht gewinnen und nicht verlieren will.« *kage* bedeutet also ein Abwerten der Offensive zugunsten der Defensive, der äußeren Manifestationen zugunsten innerer Geschehnisse, des Körpers zugunsten des Geistes.

Wie konnte eine solche Schule in einer Welt körperlicher Auseinandersetzung Einfluß gewinnen, wo doch praktische Anwendbarkeit höchstes Ziel sein mußte? Der Hauptgrund dürfte die abnehmende Bedeutung der männlichen Tapferkeit Einzelner angesichts des steigenden Einflußes der Infanterie bei militärischen Auseinandersetzungen sein – ein Prozeß, der zweifelsohne durch die Verbreitung von Feuerwaffen im 16. Jahrhundert beschleunigt wurde. Als die Bedeutung des professionellen Schwertkämpfers schwand, war dieser gezwungen, nach spiritueller Bedeutung im Meistern des Schwertes zu suchen, um seinen Lebenssinn zu erhalten. Die sich verändernde Einstellung zum Schwert und seiner Kampfkunst wird durch Tsukahara Bokuden (1490–1571) und Yagyu Muneyoshi deutlich, die beide jeweils 100 *tanka*[116] über das Leben als Schwertkämpfer hinterließen.

Der historische Wandel von praktischer zu philosophischer Spekulation wird anhand der beiden Schwertkrieger Tsukahara Bokuden und Yagyu Muneyoshi deutlich, und er wurde von Muneyoshis Sohn Munenori weitergetragen; die stärkere Gewichtung des Geistes gegenüber dem Körper wurde ein Kernpunkt des *Heihô Kaden Sho*, der wichtigsten Schrift über die *Shinkage*-Schule der Schwertkampfkunst.

Die philosophischen Grundlagen für die Betonung des Geistes können auf das buddhistische Postulat zurückgeführt werden, nach dem es »keine besonderen Gesetze in den Drei Welten gibt; alles ist das Wirken eines einzigen Geistes.« Die verwandte Behauptung des *Heihô Kaden Sho*, daß der ideale Geist durch die Schwertkampfkunst erlangt werden könne, entstammt buddhistischen, konfuzianischen und taoistischen Philosophien, die implizit oder explizit annehmen, daß das Verfolgen jedes wertvollen Zieles zu spiritueller Befreiung führe. Dazu kann alles dienen: Tanzen, Gartengestaltung, Teetrinken, Schwertschmieden. Sobald etwas ernsthaft betrieben wird, wird es *michi* oder *dô* (chin. *tao*) genannt: »der Weg«. Und den Weg zu meistern bedeutet, erleuchtet zu sein.

Weiterhin wurde Munenori von Takuan (1573–1645) beeinflußt, einem herausragenden Meister der Rinzai-Zenschule. Zen schlug im 13. Jahrhundert in Japan Wurzeln und beeinflußte stark die Kriegerkaste, die gerade an Macht gewonnen hatte und das Land bis in die Mitte des 19. Jahrhunderts hinein regieren sollte. Zen soll für Krieger besonders anziehend gewesen sein, weil es Wert auf ein streng reguliertes Leben legte, auf Einfachheit, Disziplin und die Gleichsetzung von Leben und Tod. Von den beiden Zen-Schulen, die überlebten, wollte die Rinzai-Sekte, begründet von Eisai (1141–1215), Erleuchtung vor allem durch Intuition erlangen, während die Sôtô-Sekte, begründet von Dôgen (1200–1253), sie mit Hilfe konzentriert-asketischer Routine zu erreichen suchte.[117]

Das Zen, so wie es Munenori verstand, trägt den persönlichen Stempel Takuans. Es ist nicht bekannt, wann der Schwertkämpfer zum ersten Mal den Zen-Priester traf, doch die beiden scheinen enge Freunde geworden zu sein, als Takuan in einen religiösen Disput mit der Tokugawa-Regierung verwickelt wurde und in der Folge ins Exil mußte (1629). Als Takuan anläßlich des Todes des zweiten Shoguns Hidetada im Jahre 1632 begnadigt wurde, stellte Munenori den Zen-Meister dem dritten Shogun Iemitsu vor, der eine außerordentliche Zuneigung zu dem Mönch entwickelte und ihm einen Tempel bauen ließ. Einige Zeit lang lebte Takuan mit Munenori zusammen.

Von Takuans beiden Abhandlungen über Zen und die Schwertkampfkunst wurde das *Fudôchi Shinmyô Roku* (Heilige Aufzeichnung Unveränderlicher Weisheit) als die wichtigere erachtet und zu einer Bibel für Praktizierende von Kampfkünsten während der Tokugawa-Ära. Es wird zwar angenommen, daß Takuan die Schrift für Munenori schrieb – sie endet mit mehreren Absätzen, die den Schwertkämpfer zu nachsichtigem sozialen Verhalten ermahnen. Es besteht freilich auch die Möglichkeit, daß der Text auf Bitten des Shoguns Iemitsu entstand, der ihn später Munenori aushändigte. Jedenfalls wird Takuans These der Überlegenheit des Geistes unauslöschlich in Munenoris Buch wiederholt. Der Ursprung der anderen Schrift, des *Taia Ki* (Über das *T'ai-a*) ist ungewisser und ihr Inhalt allgemeiner. Doch ohne Zweifel hat auch dieser kurze Text geholfen, die Erkenntnis von *kenzen itchi* – »Schwertkampfkunst und Zen sind eins« – zu verbreiten.

Zen im Sinne Takuans ist im wesentlichen ein Mittel, einen vollständig gebändigten und befreiten Geist zu erlangen. Im *Fudôchi Shinmyô Roku* beschreibt Takuan den idealen Bewußtseinszustand, indem er zuerst den Begriff *fudôchi* erklärt, »unveränderliche Weisheit«:

Fudô (unveränderlich) bedeutet nicht die Unbeweglichkeit eines Steines oder Baumes. Der Geist, der sich nach hier und dort bewegt, nach links und rechts, in die zehn und in die acht Richtungen, doch niemals auch nur eine Sekunde irgendwo verweilt, besitzt fudôchi ... *Genauso symbolisiert der* Fudô Myô-ô[108] *(»Unbeweglich Leuchtender König«) den menschlichen Geist, der sich nicht bewegt, den Körper, den nichts beunruhigt. Von nichts beunruhigt zu sein bedeutet, bei nichts stehenzubleiben.*

Er verweist auch auf einen Ausdruck des chinesischen Philosophen Mencius – »Suche den befreiten Geist« – und erklärt:

Den befreiten Geist suchen heißt, daß du den Geist, der befreit wurde, suchen und ihn zu dir selbst zurückbringen mußt. Wenn zum Beispiel dein Hund, deine Katze oder dein Huhn befreit wird und irgendwo hin geht, wirst du nach dem Tier suchen und es zurück nach Hause bringen wollen ... Dennoch meinte ein Mann namens Shao K'ang Chieh: »Du mußt deinen Geist befreien.« Dies ist genau das Gegenteil. Was er meint ist, daß dein Geist erschöpft wird und nicht wie eine Katze handeln kann, wenn du ihn ständig im Zaum hältst; damit er nicht nur bei dir bleibt und beschmutzt wird, mußt du ihn auf die rechte Weise benutzen, auch allein lassen und ihm wiederum nachjagen, wo auch immer er sein mag.

Wenn du eine leere Kürbisflasche aufs Wasser legst und sie berührst, wird sie zur Seite wegrutschen. Was auch immer du versuchst, sie wird nicht an der gleichen Stelle bleiben. Das Bewußtsein von einem, der den höchsten Zustand erlangt hat, hält sich nicht bei irgend etwas auf, nicht eine Sekunde lang. Es ist wie eine leere Kürbisflasche auf dem Wasser, die umhergeschoben wird.

Das *Heihô Kaden Sho* zeigt aus verschiedenen Blickwinkeln, wie wichtig es für den Schwertkämpfer ist, sich so zu trainieren, daß er jenen Geisteszustand erreicht.

Durch die Hervorhebung des Geistes und durch die philosophische Ausrichtung steht das *Heihô Kaden Sho* in starkem Kontrast zum *Gorin No Sho (Das Buch der Fünf Ringe)* von Munenoris Zeitgenossen Miyamoto Musashi (1584–1645). Zu Beginn seiner Abhandlung, die im Jahr 1645 beendet wurde, gelobt Musashi, keine »altertümlichen

Worte und Ausdrücke des Buddhismus und Konfuzianismus« zu benutzen, um seine Ansichten darzulegen – was ihm auch gelingt. Das *Gorin No Sho* ist eine unverblümte Beschreibung praktischer Aspekte des Kämpfens mit Waffen, besonders mit Schwertern. Das lag nicht daran, daß Musashi nicht daran interessiert gewesen wäre, »den Weg« zu erreichen. Nach eigenem Bekenntnis gab er das Kämpfen in seinen späten Zwanzigern auf, nachdem er sämtliche seiner Gegner in mehr als 60 Duellen besiegt hatte. Danach konzentrierte er sich darauf, »ein tieferes Prinzip zu erkennen«, was ihm mit ungefähr 50 Jahren gelang. Das Üben der Schwertkampfkunst als Mittel, einen höheren Bewußtseinszustand zu erreichen, war für Musashi ein so bedeutendes Anliegen wie für Munenori.

Der Unterschied zwischen beiden Schwertmeistern mag teilweise von ihrer sozialen Stellung herrühren. Munenori war ein Berater des Shoguns und zählte Daimyo, Adlige, Mönche und Künstler zu seinen Freunden. Musashi war – darin Tsukahara Bokuden ähnlich – ein unabhängiger Mensch, der sein Leben nach dem Schwert ausrichtete. Genauer noch: Musashis Klinge sollte töten, Munenoris Schwert nicht. Hidetsuna, der Begründer der *Shinkage*-Schule, entwickelte das *fukuro-shinai*, ein Schwert aus Bambus und Leder. Verglichen mit dem Holzschwert und erst recht mit dem geschmiedeten reduzierte das *fukuro-shinai* das Verletzungsrisiko infolge von Treffern ganz erheblich. Außerdem war das »Kämpfen« der *Shinkage*-Schule unter normalen Umständen darauf ausgerichtet, *kata* (Formen) zu zeigen.[119]

Hidetsuna, Muneyoshi, Munenori und Mitsuyoshi waren herausragende Schwertmeister. Die Idee von *mutô* – einen bewaffneten Gegner unbewaffnet zu bekämpfen –, die die *Shinkage*-Schule als ihr wichtigstes Ziel erachtete, war freilich im wesentlichen eine Folge ihres Wunsches, keinen Gegner zu zerstören. In diesem Sinne ist die *Shinkage*-Schule der Schwertkampfkunst als pazifistisch anzusehen.

Anmerkungen

1 Das Original ist hier kryptisch, die Übersetzung paraphrasiert. Wie jede Schwertkampf-Schule hat auch die Yagyu-Familie ein Zertifikat *(inka)* ausgestellt, das einem Studenten übergeben wurde, der ein bestimmtes Niveau technischer Meisterschaft erlangt hatte.

2 Siehe Fußnote 95.

3 Anspielung auf den 31. Abschnitt in Lao-tses *Tao-te-king:* »Gute Waffen sind unheilbringende Gegenstände. Die Menschen hassen sie. Darum verläßt sich jemand mit Tao nicht auf sie ... Waffen sind unheilbringende Gegenstände und keine Instrumente des weisen Mannes. Wenn er sie dennoch benutzt, hat er keine andere Wahl. Er legt Wert auf Direktheit und lobt sich nicht selbst.«

4 Doch gibt es keine andere Möglichkeit, dann ist auch das Töten eines Menschen mittels einer Waffe der Weg des Himmels. Obwohl im Frühlingswind Blumen erblühen und das Gras wächst, fallen im Herbstfrost die Blätter und die Bäume vertrocknen. So drückt sich der Weg des Himmels aus. Tut jemand Böses, schlägst du ihn nieder, wenn das Böse seinen Höhepunkt erreicht hat. In diesem Sinn kann der Gebrauch von Waffen ebenso der Weg des Himmels sein. Manchmal leiden wegen der üblen Taten eines Einzelnen tausende Menschen. Also tötest du diesen einen, um tausenden das Leben zu ermöglichen. Hier kann die Klinge, die den Tod bringt, wahrhaftig zum Schwert werden, das Leben schenkt.

5 Siehe Fußnote 89.

6 *Großes Lernen,* 2. Abschnitt. Der Ausdruck soll im Original 50–60 verschiedene Deutungen zulassen.

7 Bei Hiroaki Sato: »The Mind and the Spirit«. Ansonsten steht für »mind« meist einfach »Geist« (im Unterschied zum Körper), manchmal aber auch »Bewußtsein« (was die Zen-Note des Textes besser trifft).

8   Im Original ein buddhistischer Ausdruck: *upâyakausalya;* taucht im Titel des zweiten Kapitels des Lotos-Sutras auf und wird auch als »Hilfsmittel« oder »nützlicher Kunstgriff« übersetzt.

9   Ursprung unbekannt.

10 Im Zen bedeutet der Ausdruck, ein Ding zu verletzen, um ein anderes zu warnen oder zu schützen.

11 Ein Fächer gehörte stets zur Ausstattung eines Edelmannes, egal bei welcher Gelegenheit.

12 Im Original Homophone.

13 Jap. *sendan,* was Sandelholz zu bedeuten und auf ein Sprichwort hinzuweisen scheint: »Das Sandelholz duftet vom Moment der Teilung an.«

14 Das jap. Original für Wandel ist *iro* (Farbe). Mitsuyoshi erklärt: »*iro* weist auf den Augenblick im Bewußtsein deines Gegners hin, in dem er seine Absicht ändert – einen Angriff zu starten, sich aus etwas zu befreien, einen Stellungswechsel zu vollziehen usw. Die mentale Fähigkeit, einem *iro* zu folgen, kann nicht erlangt werden, bis du dich in einem Stadium befindest, in dem du dich überhaupt nicht mehr verteidigst, sondern alles deinem Gegner überläßt.«

15 In der *Shinkage*-Schule »verabscheut«.

16 Mitsuyoshi sagt: »Langsamer Schlag heißt, mit großem Schwung und einem Schrei zu schlagen ... Schneller Schlag weist auf rasche, genaue Bewegungen hin.«

17 *torisashi:* jemand, der Vögel mit einem Stab fängt, an dessen Spitze sich Vogelleim befindet.

18 Siehe z. B. die Technik *ittô ryôdan.*

19 Drei Fuß.

20 Mitsuyoshi: »Mein Vater sagte, davon handle das Gewinnen, das sei das letztgültige Ziel der Schwertkampfkunst. Alle verschiedenen Formen sollen darauf zu führen. Erreicht man das Ziel, hören alle Formen auf zu existieren ... Wenn du dich im Kampf einbringst, indem du deinen Geist auf den des Gegners richtest [d. h., daß dein Gegner und du gleich denken], gewinnt derjenige, der zuerst denkt ... Hast du den ersten Gedanken zuerst,

erlangst du einen *sen-sen*-Sieg ... Weil der Geist die Quelle allen Denkens ist, kommt er zuerst *(sen)*. Der erste Gedanke geht einer Bewegung voraus *(sen)*. Darum: *sen-sen.*«

21 Mitsuyoshi sieht *kyoku* als Einladung an den Gegner, den ersten Schlag zu führen, indem man ihm eine offensichtliche Schwäche vortäuscht.

22 »A foot and five inches«, also ca. 43 Zentimeter.

23 Mitsuyoshi erklärt den Ausdruck »dem Geräusch von Wind und Wasser lauschen« so: »Diese Lehre besagt, daß du einen völlig gelassenen Geisteszustand bewahren mußt, in dem du einen schwachen Luftzug oder ein sanftes Murmeln fließenden Wassers hören kannst, bevor du in die 90-Zentimeter-Distanz zu deinem Gegner vordringst.« Anderswo zitiert er 5-7-5-silbige Gedichte, um den Geist zu beschreiben, der vor dem Aufeinandertreffen zweier Schwerter vonnöten ist:
Eine sich zerstreuende Blume fällt ohne Geräusch aufs Moos.
Eine sich zerstreunde Blume kann in den Tiefen dieses Berges vernommen werden.

24 Im Original werden für »Einführungsstufe« und »Letzte Stufe« Worte aus der Zen-Terminologie benutzt.

25 Takuan zugeschrieben.

26 Man nimmt an, daß Munenori die Frage stellte und Takuan sie beantwortete.

27 Ma-tsu Tao-i (709–788), der den wirklichen Grundstein für Zen in China gelegt haben soll. Mehr als 130 seiner Schüler wurden zu herausragenden Zen-Meistern. Es hieß, er sei eine eindrucksvolle Erscheinung mit durchdringenden Augen gewesen, habe wie ein Tiger ausgesehen und sei wie ein Bulle gelaufen. Außerdem soll er seine Zunge so weit herausstrecken haben können, daß sie die Nase bedeckte.

28 Ausführlicher: »Der Weg bedarf keiner Übung. Vermeide einfach, beschmutzt zu werden. Was ist Beschmutzung? Etwas zu tun, für ein Ziel zu arbeiten, nur mit Leben und Tod im Geist, das alles ist Beschmutzung. Solltest du den Weg sofort verstehen wollen, mußt du erkennen, daß der Geist in natürlichem Zustand der Weg ist. Der Geist in natürlichem Zustand hat weder

die Absicht, etwas zu machen, noch die Absicht, richtig und falsch zu unterscheiden, er ist weder wählerisch noch sucht er nach Unterbrechung der Normalität, er strebt weder nach Gewöhnlichkeit noch nach Heiligkeit.«

Diese Stelle taucht im *Keitoku Dentô Roku* auf (*Ching-te ch'uan-teng lu* [Übertragung der Lampe], ca. 1007), eine der wesentlichen Aufzeichnungen von Taten und Worter berühmter Zen-Meister. Das Postulat »Der Geist in natürlichem Zustand ist der Weg« wird weiter ausgeführt im 19. Kôan des Zen-Klassikers *Mumonkan* [siehe Wolfgang Walter (Hg.), *Die große Kôan-Sammlung I*. Angkor Verlag 2001].

Das *Keitoku Dentô Roku* enthält auch folgenden Abschnitt: »Ein Mönch fragte: ›Warum sagt Ihr: Der Geist ist Buddha?‹« Der Meister [Ma-tsu] antwortete: ›Um das Schreien eines Babys zu beenden.‹ Der Mönch fragte: ›Was werdet Ihr tun, wenn das Kind nicht aufhört zu schreien?‹ Der Meister antwortete: ›Weder Geist noch Buddha.‹« Die beiden Äußerungen »Der Geist ist Buddha« und »Weder Geist noch Buddha« tauchen in den Kôan Nr. 30 und 33 des *Mumonkan* auf. Vgl. auch die Kôan Nr. 3, 53 und 73 des *Hekigan-roku* [siehe Walter, a.a.O.].

29 Die genaue Bedeutung des Originals für »Holzpuppe« – *dôkô no bô* – scheint zu sein: Amateur-Puppenspieler.

30 Nachfolger von Ma-tsu Tao-i. Er taucht im 41. Kôan des *Hekigan-roku* auf.

31 Blumen und Vögel sind Symbole natürlicher Phänomene, die das menschliche Herz bewegen.

32 Wie in einem Zen-*mondô* (einer Frage-und-Antwort-Sitzung).

33 »Der Geist in einem natürlichen Zustand« und »Sei wie eine Holzfigur«.

34 Chinesischer Zen-Mönch (1263–1323). Er ließ sich nirgendwo nieder und lehnte sogar Berufungen durch das Herrscherhaus ab, bis er auf Bitten seiner Nachfolger zustimmte, in einem Tempel zu leben.

35 Das Wort *hôshin* (chin. *fang-hsin*), »den Geist befreien«, scheint aus dem *Shu Ching* (Buch der Dokumente, achtes Jahrhundert v. Chr.) herzurühren und bedeutete zu verschiedenen Zeiten Un-

terschiedliches. Im *Shu Ching* selbst scheint es einen eigenwilligen und lasterhaften Geist zu bezeichnen. Der Philosoph Mencius (371–289? v. Chr.) sagt: »Der Weg des Gelehrtentums bedeutet nichts anderes, als den befreiten Geist zu finden.« Der Poet Wang Wei (701–761) schreibt in seinem Gedicht *Im Melonengarten*: »Ich befreie meinen Geist und betrachte das ganze Universum.«

36 *kei* (chin. *ching*), Respekt oder Referenz, ein wichtiger Punkt konfuzianischer Ethik, dem besonders in der Sung-Dynastie (960–1234) beim Studium des Weges große Bedeutung beigemessen wurde. Das Ideogramm für *ching* bedeutete ursprünglich: »sich beim versehentlichen Berühren des Widderhornes anspannen.«

37 *Acala(-nâtha)*, eine Stufe in der Entwicklung eines Bodhisattvas.

38 Im Esoterischen Buddhismus wird angenommen, daß die wesentlichen Quellen von Handlungen der Körper, der Mund und das Bewußtsein sind.

39 Im Esoterischen Buddhismus sind das Buddhas Körper, Wort und Geist, die die höchste Wahrheit offenbaren sollen. Ein Sterblicher mag in der Lage sein, die höchste Wahrheit zu verstehen, indem er seinen Körper, seinen Mund und sein Bewußtsein auf den Buddha konzentriert.

40 Takuan.

41 Muneyoshi sagt: »In unserer Schule wird das Schwert, das zum Angriff positioniert ist, todbringend genannt, und das Schwert, das keinen Angriff andeutet, lebenspendend.«

42 Laut Mitsuyoshi bedeutet *shuji* das kreuzweise Blocken des gegnerischen Schwertes mit dem eigenen, egal aus welcher Position man angegriffen wird; es bezeichnet ebenfalls die Stelle auf der Brust, unterhalb des Kinns, wo sich die Kragenteile japanischer Jacken treffen und überlappen. Diese Stelle ist das Ziel beim Schlagen nach dem Gegner. *shuriken* bedeutet einen angemessenen Einblick in die Strategeme des Gegners zu erlangen. In der Verbindung *shuji shuriken* ist wohl entweder die anzupeilende Stelle gemeint oder das treffende Beurteilen der gegnerischen Strategien.

Der Ausdruck verweist auch auf esoterische Praktiken wie das »Zeichnen der neun Ideogramme« (wörtlich: Rezitieren von neun magischen Worten) zum Selbstschutz. Ursprünglich taoistisch, wurde diese Praxis von Yin-Yang-Übenden, Anhängern des Esoterischen Buddhismus, japanischen Schwertkämpfern und *ninja* aufgenommen. Einige Schwertkämpfer und *ninja* führten die Übung täglich bei Sonnenaufgang durch und viele vor einer tatsächlichen Schlacht oder Mission.

43 Mitsuyoshi ist deutlicher und benutzt für *shuriken* Ideogramme, die »Erkennen der Strategeme« bedeuten. Munenoris Ideogramme dagegen bedeuten gar nichts.

44 Mitsuyoshi: »Es ist eine Frage deiner Beobachtung. Wenn du einem sich nicht verändernden Zielpunkt Aufmerksamkeit schenkst, solltest du in der Lage sein, die wechselnden Strategeme deines Gegners gut zu durchschauen. Indem du auf das Nicht-Sein [dem, was nicht-existent scheint] achtest, kannst du das Sein [Sichtbare] erkennen.«

45 Quelle unbekannt. Das japanische Originalwort für »Sein« bedeutet im Buddhismus die zehnte der zwölf *nidâna* (Ursachen), die den Menschen an die drei Welten von Vergangenheit, Gegenwart und Zukunft binden. In einer Übersetzung werden diese zwölf *nidâna* so wiedergegeben: (1) Unwissenheit, (2) Handlungen, (3) Bewußtsein, (4) Name und Form (Geist und Körper), (5) die sechs Eingänge (sechs Sinnesorgane), (6) Berührung, (7) Empfindung, (8) Begehren, (9) Anhaften, (10) Sein, (11) Geburt, (12) Alter und Tod. Mit *u* bezeichnet man einen Zustand der *klesha* [unheilsame Eigenschaften, die an den Kreislauf der Wiedergeburten binden], in dem der menschliche Geist noch von unzähligen Dingen beunruhigt wird. *vimukti* oder *nirvana* ist hingegen das Stadium, in dem jemand *klesha* überwunden hat.

mu, das japanische Originalwort, das hier als Nicht-Sein übersetzt ist, scheint weniger dem Buddhismus als dem Taoismus und dem Zen zu entstammen. Offenbar haben die Chinesen das buddhistische Konzept der *shûnyatâ* (Leere) im zweiten Jahrhundert, als es China erreichte, mit der taoistischen Vorstellung des *mu* (chin. *wu*), des Nichts, gleichgesetzt.

Möglicherweise hatte Munenori, wenn er von Sein und Nicht-Sein sprach, eine der beliebtesten buddhistischen Vorstellungen im Kopf: »Materielles ist Leere; Leere ist materiell.« (auch: Form ist Leere, Leere ist Form).

46 Diese Stelle ist für viele Deutungen offen. In der Übersetzung eines Quellenbuches für chinesische Philosophie lautet sie: »Das Namenlose ist der Ursprung von Himmel und Erde; / der Name ist die Mutter aller Dinge./ Darum laßt uns stets durch Nicht-Sein ihre Feinheit, / durch Sein ihre Auswirkungen erkennen.« Weiterhin heißt es: »Sein und Nicht-Sein erzeugen einander«.

47 Mitsuyoshi erklärt den Ausdruck »der Mond auf dem Wasser« so: »Damit meinen wir die Länge des Schattens, den der Gegner wirft. Wenn du zwischen dir und dem Gegner einen Raum läßt, der seiner Körpergröße entspricht, wird er dich nicht treffen können, wie hart er auch zuschlägt.«

48 Unterscheidet sich von der zuvor beschriebenen Technik gleichen Namens.

49 Mitsuyoshi erklärt: *shinmyôken* ist, »wo das Schwert verweilt. Es handelt sich um die 15 Zentimeter große Zone um den Nabel herum.« Er ergänzt, daß *shuji shuriken, suigetsu* und *shimyôken* die Grundlagen der Schwertkampfkunst sind, »aus denen sich alle anderen Listen entwickeln«.

50 *Analekten*, Buch XI: »Übertrieben zu sein ist das gleiche wie unangemessen zu sein.«

51 Anderswo definiert Munenori den Begriff *ichiri*, das »eine Prinzip«, als *seigan no kamae,* »das Schwert in mittlerer Position halten«, wenn man dem Gegner frontal gegenübertritt.

52 Über *kamae* (Kampfstellungen) sagt Munenori: »Obwohl es zahlreiche *kamae* gibt ... verwenden wir in unserer Schule keine anderen Positionen als rechts, links und frontal.«

53 Ca. 75 cm. Bedeutung unklar, es könnte heißen: mit auf die Brust gerichtetem Speer.

54 Mitsuyoshi: »Mein Vater sagte: ›Dies weist auf das Vorstoßen und Zurückziehen des Schwertes, das einen Fuß (ca. 30 cm) nicht überschreitet. Zwischen deinen Fäusten, die das Schwert

vorantragen, und deinem *shinmyôken* [dem Nabel und seiner Umgebung] liegt nicht mehr als ein Fuß. Auch die Spitze des Schwertes reicht nicht weiter als einen Fuß. An diesen einen Fuß zu denken, wenn du zuschlägst, das ist, was du erreichen solltest.«

55 Mitsuyoshi: »*kan* bedeutet, dem Geist zu lauschen, mit geschlossenen Augen zu sehen, nach innen zu blicken. *kan* erfordert keine Aktion. Die Aktion findet statt, wenn du deinem Gegner folgst ... *kan* ist weder Aktion noch Täuschung, sondern die Grundlage deiner geistigen Arbeit. Es ist der Geist, der die Dinge in ihrem Ursprung sieht. Du erlaubst deinem Geist nicht, an einer Stelle zu verweilen. Wenn doch, ist er nicht länger *kan*.« Über *ken* sagt Mitsuyoshi: »*ken* ist gegenwärtiges Sehen. Du nimmst etwas mit den Augen wahr und dein Geist empfängt es mittels der Nerven *(me ni mite i ni tsûjite yori kokoro ni ukuru nari).* Wenn du mit deinen Augen siehst, gibt es stets irgendeine äußere Aktion, ein äußeres Geschehen. Beim Sehen geht etwas von außen nach innen.«

56 Munenori: »Im Kampf gibt es eine Zone, in der du den Gegner schlagen kannst, und eine, in der das nicht funktioniert. Erstere nennt man *suigetsu.* Außerhalb *suigetsu* kannst du den Gegner nicht treffen. Dennoch ist es gut, den Gegner außerhalb von *suigetsu* zu belästigen, um zu sehen, was dann geschieht.«

57 Mitsuyoshi: »Wenn der Gegner sein Schwert anfangs in niedriger oder mittlerer Position hält, muß er es erst hochschwingen, bevor er zuschlagen kann. Tut er das, folgst du mit deinem Schwert und gewinnst. Am besten so, als würdest du deinen ganzen Körper folgen lassen.«

58 Von hier an wird *shinmyôken* in der Regel als »Position des Schwertes« übersetzt.

59 Offenbar ein buddhistischer Vers, jedoch ohne Quellenangabe.

60 In diesem Abschnitt wird ein homonymisches Wortspiel benutzt: *utsuru,* hier als »zuwenden« übersetzt, bedeutet auch »reflektieren«. Dieser Satz könnte also ebenfalls so verstanden werden: »Der menschliche Geist reflektiert ein Objekt so wie der Mond das Wasser.«

61 Ein in der Hofdichtung übliches Bild.

62 Munenori sagt an anderer Stelle: »Wenn du plötzlich angreifst und zuschlägst, ohne die Kampfzone erreicht zu haben, wirst du verlieren. Du mußt zuerst deinen Gegner empfangen und aus einer Wartestellung zurückschlagen, während dein Geist fest mit der Position deines Schwertes verbunden ist.«

63 Ein verwundeter Bär ist eine Metapher für eine unkontrollierbare, zerstörerische Kraft.

64 Siehe Band 1, Kapitel »Krankheiten«.

65 Mitsuyoshi: »Vater sagt: ›[bôshin] ist ein Versuch, den Ort zu sehen, an dem sich der Geist selbst offenbart.‹« An anderer Stelle meint er: »Mein alter Vater sagt: ›Vor langer Zeit legten wir die Länge zwischen Ellbogen und Faust als einen Fuß und 2,4 Zoll (ca. 36 cm) fest und entschieden uns, daß man bôshin am besten als ebenso lang ansehen sollte. Doch ein bôshin ist ein Ort, an dem sich der Geist selbst offenbart, darum sollten wir uns nicht auf diese Länge beschränken. Der wahre Zweck von bôshin ist, eine Stelle an irgendeinem Teil des gegnerischen Körpers zu finden, wo sich sein Geist selbst offenbart, während der Körper sich offenkundig nicht bewegt. Doch die größte Aufmerksamkeit solltest du folgenden vier Punkten widmen: den Augen des Gegners, seinen Beinen, seinem Körper und seinem ›ein Fuß und 2,4 Zoll‹. In diesen kannst du wahrnehmen, was du willst. Du neigst dazu, deine Augen dorthin zu wenden, wo dein Geist sich hinbewegt, und wenn du angreifen willst, bewegt sich dein Bein nach vorn. Wenn etwas in deinem Geist vor sich geht, verändert sich ständig deine Körperhaltung, und das wird sichtbar. ›Ein Fuß und 2,4 Zoll‹ ist eine dieser Stellen, wo sich der Geist selbst offenbart. Doch jeder Teil des Körpers, wo er dies tut, muß als bôshin erachtet werden.‹«

66 Mitsuyoshi: »In dem Moment, in dem der Gegner sich entscheidet, zuzuschlagen, wird der Griff um sein Schwert fester. Dann spannen sich seine Armmuskeln. Ziele auf diesen Moment ab.«

67 Im Original: Geist (mind).

68 Der »wahre Geist« im Buddhismus.

69 Das »erstrebenswerte Stadium« heißt im Original michi und

wird ein paar Sätze später als »der Weg« und dann als »Disziplin« übersetzt.

70 Das im Original 5-7-5-7-7-silbige *tanka* enthält detaillierte Anmerkungen innerhalb des Gedichtes. Im Hinblick auf die Ausführungen in den folgenden Absätzen des Textes werden der erste und zweite Geist als »falsch«, der dritte, vierte und fünfte als »wahr« und der sechste als »falsch« bezeichnet. Takuan zitiert dieses *tanka* am Ende von *Fudôchi Shinmyô Roku*.

71 Im Original *take*, ein Ausdruck, der oft in Verbindung mit *tanka* gebraucht wird.

72 Im Original *mai*, Gesang.

73 Muneyoshi bemerkt, daß er nach harter Arbeit an der Kunst des Nicht-Schwertes eine Stufe erreicht habe, auf der er ohne Schwert »sechs oder sieben von zehn [bewaffneten] Männern« besiegen konnte oder einen bewaffneten Mann »sechs oder sieben von zehn Malen«.

74 *dai* steht für ein Ideogramm mit ehrender Bedeutung; *ki* für Geist; *tai* für Numenon, Substanz; *yû* für Phänomenon, Manifestation. *daiki taiyû* ist ein Zen-Ausdruck, der auf die äußere Manifestation einer mentalen Bewegung hindeutet oder einfach auf die Freiheit, alles tun zu können, was man will.

75 Mitsuyoshi: »Die Bereitschaft, jede Veränderung des Gegners als von dir ausgehend zu betrachten, ist von höchster Wichtigkeit. Wenn dein Geist jedem Anzeichen von Veränderung beim Gegner folgt, wirst du zurückbleiben. Du mußt vielmehr deinen Gegner zwingen, deinem eigenen Wandel zu folgen und ihn besiegen, indem du dich wiederum seinen daraus resultierenden Veränderungen anpaßt.«

76 Eine Anspielung auf den Zen-Ausdruck *kyôge betsuden*, ein Weg, Erleuchtung außerhalb der Lehren zu erlangen.

77 Diese Vorsichtsmaßnahmen wurden zu einer Zeit getroffen, als ein Schwertkämpfer sich stets möglicher Fallen oder plötzlicher Anschläge bewußt sein mußte. In Kyoto steht noch das ehemalige Haus eines Adligen, das ein mit einer versteckten Geheimkammer verbundenes Gästezimmer besitzt; während der Fürst des Hauses einen Gast empfing, verbargen sich ein paar

Schwertkämpfer in der Kammer, stets bereit, ihrem Fürsten zu Hilfe zu eilen und gegebenenfalls den Gast zu töten (siehe auch »Anhang I«).

78 Siehe 3. Kôan im *Hekigan-roku*.

79 Hier werden Homophone benutzt. Beide Worte werden »ki« ausgesprochen und hier als »*ki*« und »*KI*« unterschieden.

80 Manura (gestorben 825) ist ein indischer Prinz, der ein bekannter Schüler Vasubandhus (ca. 420–500) wurde. Vasubandhu, Philosoph und Schriftsteller, legte u. a. die Doktrin des »Nur-Geistes« dar.

81 Ein hohes Ziel in Munenoris Schule war *enten jizai* oder *marobashi* – die Fähigkeit, das Schwert und den Geist fließend und nach Belieben zu verlagern.

82 Ein *tanka*, das Sami Mansei zugeschrieben wird, einem Dichter des achten Jahrhunderts. Die hier zitierte Version stammt aus dem *Shûi Shû* (Nr. 1327), der dritten kaiserlichen Anthologie japanischer Poesie. Vollständig lautet es: »Mit was soll ich diese Welt vergleichen? Bei Tagesanbruch rudert ein Boot davon, seine Spur verliert sich in weißen Wellen.«

83 Samurai waren häufig homosexuell aktiv.

84 Zwischen dem Priester-Poeten Saigyô (1118–1190) und einem Freudenmädchen, die im Flußhafen von Eguchi im heutigen Osaka arbeitete, gab es einen berühmten Austausch von *tanka*. Eines Tages geriet Saigyô nach dem Besuch eines Tempels in einen Regensturm und bat in einem nahegelegenen Freudenhaus um Unterkunft. Als die Prostituierte, die erschien, seine Bitte abschlug, dichtete Saigyô folgendes *tanka:* »So schwierig die Dinge auch sein mögen bis man diese Welt aufgegeben hat, verweigerst du mir gar eine nur vorübergehende Unterkunft.« – »Diese Welt aufgeben« heißt: die buddhistischen Gelübde annehmen. »Vorübergehende Unterkunft« ist eine Metapher für dieses Leben im Gegensatz zum Leben nach dem Tod. In der Antwort des Freudenmädchens bedeutet »das Zuhause verlassen« ebenfalls, die buddhistischen Gelübde anzunehmen, und die »vergängliche Hütte« dieses Leben. Der Austausch zwischen den beiden bildet die Grundlage für das *Nô*-Drama *Egu-*

chi, das Kan'ami (1333–1384) zugeschrieben wird. Ein verbreiteter Glaube bestand darin, das Freudenmädchen für eine Inkarnation von Samantabhadra zu halten, der Göttin des Mitleids.

85 Chinesischer Zen-Meister (1529–1588).

86 Takuan.

87 Quelle unbekannt. »Das Wahre Gesetz« ist das buddhistische Gesetz.

88 Siehe Fußnote 33.

89 Dieser Band besteht im Original hauptsächlich aus einer Auflistung von Kampfpositionen und -techniken, die von der *Shinkage*-Schule entwickelt wurden. Meine [Satos] Übersetzung enthält den bebilderten Katalog, der als *Shinkage-ryû Heihô Mokuroku* bekannt ist und den Yagyu Muneyoshi im Jahr 1601 dem *Nô*-Darsteller Komparu Ujikatsu schenkte. Die begleitenden textlichen Beschreibungen wurden vom Schwertkämpfer Matsudaira Nobusada im Jahr 1707 auf Bitten von Nachfolgern der Ujikatsu verfaßt. Meine Beschreibungen fassen die von Nobusada und andere von Sano Masahisa im *Yagyu-ryû Shinhishô* zusammen, das 1716 publiziert wurde. Masahisa studierte die Schwertkampfkunst unter Yagyu Muneari, Munenoris Enkel.

90 Das Original für »Drei Elemente«, *sangaku* (Drei Lehren), verweist auf *kai-jô-e,* die drei grundlegenden Stufen buddhistischer Studien, die ein Mönch durchlaufen muß, um zur Erleuchtung zu gelangen. *kai* ist das Befolgen der Gebote, die der Disziplin dienen; *jô* ist die mentale Konzentration, die zu einem Zen-Bewußtsein führt; *e* ist das Erwachen zur Weisheit Buddhas.

Auch wenn der Ausdruck hier eher mechanisch benutzt wird, hat *sangaku* im Zen eine besondere Bedeutung. Zum Beispiel sagte der japanische Zen-Mönch Chûgan Engetsu (1300–1375): »Korrigiere dich, indem du innerlich aufrichtig bist – das ist *jô. jô* wird durch Stille bezeugt. Wo es Stille gibt, gibt es auch Wahrhaftigkeit. Ohne Wahrhaftigkeit kann es kein *jô* geben. Wenn es sich nach außen manifestiert, wird es *kai* genannt. *kai* heißt, verbotene Dinge nicht zu tun. Wenn etwas verboten ist, entsteht

Respekt. Ohne Respekt kann es keine Verhaltensregeln geben. Wenn du andere in diesem Bewußtsein unterrichtest, werden sie dir gehorchen und folgen. Dies nennt man *e*. *e* wird aus Klarheit geboren, Klarheit aus Weisheit. Ohne Weisheit kann es kein *e* geben.«

91 Anspielung auf eine Stelle in dem chinesischen Klassiker *Daxue Zhangju* (Großes Lernen): »Meister Ch'eng I sagte: ›Das *Daxue Zhangju* ist ein Buch, das von der Schule der Konfuzianer hinterlassen wurde, und für den Anfänger das Tor, das er durchschreitet, um Tugenden zu gewinnen.‹«

92 Siehe die Technik *ittô ryôdan*.

93 Diese werden *sangaku*-Techniken genannt und sind alle *tai*- oder »Warte«-Stellungen. Die Namen der fünf Techniken tauchen in dem Zen-Klassiker *Hekigan-roku* (Niederschrift von der smaragdenen Felswand) auf.

94 Dies sind die Kampftechniken, die Hidetsuna verschiedenen Schulen der Schwertkampfkunst seiner Zeit entlehnte und die er verbesserte. Mitsuyoshi charakterisierte sie als Ersatzmethoden, die man anwenden könne, wenn der erste Schlag verfehle. Masahisa beschrieb sie als Techniken, die den Gegner in Versuchung brächten, eine Bewegung zu machen, so daß man seine eigene entscheidende Bewegung vollziehen könne.

95 Diese sind Angriffsmanöver. Laut Mitsuyoshi basieren sie auf Täuschung und folgen im wesentlichen den Bewegungen des Gegners.

Der *tengu*, hier als »Kobold« übersetzt, ist – wie die Illustrationen zeigen – eine imaginäre Kreuzung aus menschlichen und krähenhaften Formen, der man nachsagt, fliegen zu können und andere übermenschliche Fähigkeiten zu besitzen. Nach einer Legende erlernte der herausragende Militärkommandant Minamoto no Yoshitsune (1159–1189), als er noch ein Junge war, Kampftechniken und Militärmanöver von dem *tengu*, der den Berg Kurama in Kyoto bewohnte.

96 *jo, ha, kyû*, die Namen dieser Technik und der beiden folgenden, sind Ausdrücke aus der Tanzmusik, die in China entstanden. Der Begründer des *Nô*-Theaters, Zeami (1363–1443/45) be-

nutzte dieses Konzept ausgiebig und hielt die drei Bewegungen der Einführung, der Entwicklung und des Finales für übertragbar auf die Gestaltung von Schauspielen, die einen Tag lang dauerten, und selbst auf die Darbietung der kleinsten musikalischen Note. Das Konzept von *jo-ha-kyû* wurde auch auf vielen anderen Gebieten aufgegriffen, zum Beispiel bezüglich *renga* (verbundene Verse).

97 Diese sechs sind die bedeutendsten Techniken der *Shinkage*-Schule. In Muneyoshis Katalog werden *tensetsu* und *ransetsu* zusammengefaßt und *kôjô* [fehlt in der engl. Ausgabe; *der dt. Übersetzer*] wird vor *gokui* angeführt. Mitsuyoshi erklärt: »Mit *muniken* besiegst du jemanden, der dich mit der *tensetsu-ransetsu*-Stellung konfrontiert; du schlägst *muniken* mit *katsuninken*, *katsuninken* mit *kôjô*, *kôjô* mit *gokui* und *gokui* mit *shinmyôken*, was die höchste Technik darstellt. *shinmyôken* wird so genannt, um zu zeigen, daß es nichts darüber gibt.« *shinmyôken* ist eine Technik, den Gegner zu besiegen, ohne ihn mit dem Schwert zu verletzen.

Munenoshis Katalog illustriert drei dieser Techniken und erklärt lediglich die anderen drei in Worten. Außerdem werden acht weitere Manöver namens *hisshô* (sichere Siege) genannt, doch weder bebildert noch erklärt. Laut Masahisa sind das: *sarutobi* (Affenfliegen), *tsubame-mawashi* (Kreisen der Schwalben), *tsukikage* (Mond und Dunkelheit), *yamakage* (Berg und Dunkelheit), *uranami* (Meereswellen), *ukifune* (dahintreibendes Boot), *sekkô* (Brechen des Helmes) und *tôbô* (Schwert und Stock).

Masahisa nennt als Ziel der *Shingake*-Schule »Haut und Fleisch zu zerschneiden, doch nicht die Knochen.« Sie will vor allem »über die beiden Fäuste siegen« – also den Gegner bezwingen, indem man auf seine Fäuste schlägt.

98 Dieser Ausdruck taucht – zusammen mit *setsunintô* (todbringendes Schwert) mehrmals im *Hekigan-roku* auf. *katsuninken* ist auch der Titel von Band 3, *setsunintô* der von Band 2.

99 Aus der *Geschichte der Frühen Han* von Pan Ku (32–92 n. Chr.).

100 Der Sinologe Professor Harro von Senger schlägt in seinen

Büchern über die chinesischen Strategeme vor, eben dieses international gebräuchliche Wort zu benutzen, daß auch Hiroaki Sato im Englischen verwendet *(stratagems)*, weil das Wort »List« z. B. negativ besetzt sei. Ich setze »Strategem«, »List«, »Täuschen« und »Finte« in der deutschen Übersetzung alternativ ein. Das Wort Strategem selbst hat sich in Deutschland noch nicht ausreichend durchgesetzt. Siehe auch: Harro von Senger, *Die Kunst der List: Strategeme durchschauen und anwenden. München 2001. S. 17* [der Übersetzer ins Deutsche].

101 Mitsuyoshi sagt: »Wenn du ebenfalls angreifst, gibt es *jo, ha* und *kyû. jo*, bevor du angreifst. *ha*, während du angreifst. *kyû*, während deine Klinge sich mit der des Gegners kreuzt.« Mit anderen Worten, jede der drei Schwertpositionen *(jôdan, chûdan, gedan)* besteht bei jeder der drei Kampftechniken aus *jo, ha* und *kyû*, was 27 Kampfteile ergibt.

102 Kämpfen mit echten Schwertern statt mit *fukuro-shinai* (wie in Übungskämpfen).

103 *jôdan, chûdan* und *gedan* sind Schwertpositionen zu Beginn eines Kampfes. *jôdan* bezeichnet das mit beiden Händen gehaltene Schwert, das auf Höhe des Kopfes vor dem Körper gehalten wird, mit hochgerichteter Spitze; oder aber es befinden sich beide Hände über dem Kopf, die Schneide des Schwertes nach oben gerichtet, seine Spitze vom Feind wegweisend. *chûdan* ist das Schwert, das mit den Händen vor dem Bauchnabel gehalten wird. *gedan* ist das niedrig gehaltene Schwert mit nach unten gerichteter Spitze.

104 Muneyoshis Katalog stellt *ha* anders dar: »*sekkô* (2), *tôbô* (3), *uchiai* (4).« *sekkô* ist ein seitlicher Schlag auf den Nacken des Feindes. *tôbô* ist ein Schlag auf den linken Arm des Gegners, wenn er sein Schwert horizontal zu halten sucht und die Schneide mit seiner linken Hand stützt. *uchiai* bedeutet, Schläge auszutauschen.

105 Das gleiche wie *uchiai*.

106 Ein Taktschlag *(Beat)* wie in der Musik oder im Tanz. In einem *Nô*-Text wird der Tänzer angewiesen, »eine Folge von drei Schritten während eines einzigen Taktschlages zu vollführen.«

107 Das »anfänglich Gelernte« verweist auf die Kampfmuster und andere Lehren, die vom Begründer der *Shinkage*-Schule, Kami-izumi Hidetsuna, entwickelt wurden.

108 »Aufrichtig verstecken« ist ein Ausdruck von Konfuzius, mit dem er seinen geliebten Studenten Yen Yüan lobte.

109 Das Alter von fünfzig Jahren.

110 Der ganze Abschnitt ist in Chinesisch verfaßt.

111 Ein *koku* entsprach fünf Bündeln Reis und wurde als ausreichend erachtet, einen Erwachsenen ein Jahr lang zu ernähren.

112 Die zweite von zwei militärischen Konfrontationen, die Ieyasu anordnete, um die restlichen Toyotomi und ihre Sympathisanten zu eliminieren. Die erste fand Ende 1614 statt und wurde als Osaka-Winterfeldzug bekannt.

113 Dies ist der einzige Bericht, in dem behauptet wird, daß Munenori tatsächlich als Schwertkämpfer getötet hat.

114 Wegen seiner Stellung als Schwertkampf-Lehrer der Shogun und als *ô-metsuke* wird Munenori in populärer Literatur gerne als gewiefter und ruchloser Killer gezeichnet, der keinerlei Gewissensbisse beim Töten – ob aus eigenem Antrieb oder auf Befehl – empfunden habe. Obwohl er einige Exekutionen überwacht haben dürfte, ist das populäre Bild von ihm wahrscheinlich unzutreffend.

115 Nabeshima Motoshige (1602–1654), ein Daimyo im Besitz von 75 000 *koku*, war einer davon. Munenori bewunderte ihn so sehr, daß er ihm auf seinem Sterbebett die am schönsten eingebundene Ausgabe des *Heihô Kaden Sho* schenkte.

116 *tanka* sind eine poetische Form, die aus 5-7-5-7-7 Silben besteht. Einen Satz von 100 *tanka* zu schmieden wurde von Hofpoeten eingeführt, doch auch Nicht-Poeten nutzten häufig dieses Format, um ihre Gedanken auszudrücken. Ich bin Imamura Yoshio zu Dank für die Hilfe bei meiner Analyse dieser *tanka* verpflichtet.

117 Diese Anschauung entspricht eher einem Klischee. Tatsächlich ist es erstens auch umgekehrt richtig und zweitens ganz anders: Die wesentliche Lehre Dôgens und des Sôtô-Zen lautet, daß wir alle bereits Buddha-Natur haben, daß wir Buddha sind. Es gibt

nichts zu erlangen und nichts zu suchen (kein »pursuit«, wie es Hiroaki Sato nennt). [der Übersetzer ins Deutsche]

118   Der japanische Name für Acala.

119   Unter Munenoris zuvor zitierten *tanka* findet sich auch folgender Vers:
Die Schwertkampfkunst, die wir direkt mit unseren lebendigen Körpern lernen,
ist von Kämpfen mit echten Klingen sehr verschieden.

Danksagung

Beim Übersetzen von *Heihô Kaden Sho* war mir Watanabe Ichirôs Text aus dem *Kinsei Geidô Ron* eine große Hilfe. Kinsai Geidô Ron ist eine Sammlung von Essays über die Künste, die von Iwanami Shoten 1972 publiziert wurde. Unter den verschiedenen erhältlichen Ausgaben ist sie meines Wissens die einzige reichhaltig kommentierte. Ich hoffe, daß die Anmerkungen, die ich selbst ergänzte, ebenso relevant und frei von Fehlern sind. Über die japanische Schwertkampfkunst und Yagyu Munenori lernte ich viel von einem weiteren herausragenden Gelehrten, Imamura Yoshio. Imamura hat als Professor für Sportwissenschaften entscheidend dazu beigetragen, die Schwertkampfkunst, eine uralte Tradition, weit zu verbreiten.

Ich bin weiteren Personen zu Dank verpflichtet. Yagyu Munenori aus der 15. Generation der Yagyu-Familie ermutigte mich stets und stellte wertvolle Bücher zur Verfügung. Kinoshita Tetsuo setzte sich viele Stunden lang dafür ein, mir die Genehmigung für die Illustrationen zu besorgen. Dank ihm erlaubte der Tôkai-Tempel großzügig, die berühmte Kalligraphie des Zen-Mönchs Takuan einzubinden. Mishima Hiroaki trug verschiedene Bücher über Takuan und seine Schriften zusammen. Kakizaki Seiji (oder Seiji Kakizaki, wie man ihn als New Yorker Fotografen kennt) fertigte mit Erlaubnis von Iwanami Shoten exzellente fotografische Reproduktionen des *Shinkage-ryû Heihô Mokuroku* an. Burton Watson transkribierte mir die chinesischen Namen. Hirata Takako und Yano Sumiko halfen regelmäßig beim Beschaffen notwendiger Bücher und Informationen; hätten sie sich nicht so fleißig und prompt engagiert, wäre dieses Buch nie entstanden. Robert Fagan half mir wie immer beim Überarbeiten des Manuskriptes. Trotzdem bin nur ich für all die unbeholfenen Stellen verantwortlich zu machen, die übrig geblieben sein könnten – ganz zu schweigen von all den möglichen interpretatorischen Fehlern.

Ich habe versucht, bei der Übersetzung der Texte für dieses Buch dem Original treu zu bleiben, so wie ich das gemeinhin tue. Die meisten Kapitelüberschriften stammen jedoch von mir, und die Erklärungen in Klammern sind meine eigenen Ergänzungen oder Auszüge aus Schriften, die nicht von Munenori, sondern von anderen Yagyu-Angehörigen stammen. Es war nicht möglich, bestimmte Schlüsselwörter und Wendungen einheitlich zu übersetzen. Das beste Beispiel hierfür ist das Wort *heihô* (auch *hyôhô* ausgesprochen): Es kann Schwertkampfkunst bedeuten, Schwertkampf, List, Strategie, Taktik, die Kunst des Krieges. Wenn eines dieser Wörter in der Übersetzung auftaucht, kann der Leser als Ursprungswort *heihô* annehmen.

Die japanischen Namen werden nach japanischer Gewohnheit benutzt, mit dem Familiennamen zuerst; die einzige Ausnahme ist mein eigener Name, der in abendländischer Reihenfolge geschrieben ist.

Hiroaki Sato

Chronologie des Yagyu-Clan

alle Kriegsfürsten in zwei Gruppen aufspalten und aufeinanderstoßen; Ieyasu, Führer der östlichen Gruppe, trägt den Sieg davon

1603   Ieyasu wird der Titel *shogun* verliehen

1606   Muneyoshi stirbt

1607   Geburt von Munenoris erstem Sohn Mitsuyoshi

1614–1615   Sommer- und Winterfeldzüge von Osaka; Toyotomis Familie wird vernichtet

1616   Ieyasu stirbt

1623   Iemitsu wird der dritte Tokugawa-Shogun und festigt die institutionellen Grundlagen der Tokugawa-Regierung; Munenori wird sein Schwertkampflehrer

1629   Der Zen-Mönch Takuan muß ins Exil

1632   Takuan wird nach dem Tod des zweiten Shoguns Hidetada begnadigt; Munenori beendet seine Schrift über die Schwertkunst, das *Heihô Kaden Sho;* die Stellung des *ô-metsuke* wird geschaffen, die Munenori als einer der ersten bekleiden darf

1636   Munenoris Besitz beträgt 10 000 *koku,* was ihn zum Daimyo macht

1637   Religiöse Unruhen in Shimabara, Kyushu; im folgenden Jahr niedergeschlagen

ab 1639 Politik der Isolierung (Von da an wurden bis zu Commodore Perrys Ankunft im Jahr 1853 nur noch kleine Gruppen Holländer, Chinesen und Koreaner ins Land gelassen)

1645   Der Schwertkämpfer Miyamoto Musashi beendet seine Schrift über die Schwertkampfkunst, *Gorin No Sho* (Buch der Fünf Ringe) und stirbt kurz darauf

Ausgewählte Bibliografie
Hiroaki Satos als Übersetzer:

Ten Japanese Poets (Bluefish 1974)

Chieko and Other Poems of Takamura Kotaro (University of Hawaii Press 1980)

From the Country of Eight Islands. An Anthology of Japanese Poetry (University of Washington Press 1981)

Kenji Miyazawa: *Future of Ice: Poems and Stories of a Japanese Buddhist* (North Point Press 1989)

Mutsuo Takahashi: *Sleeping Sinning Falling* (City Light Books 1992)

A Brief History of Imbecilit: Poetry and Prose of Takamura Kotaro (University of Hawaii Press 1992)

String of Beads: Complete Poems of Princess Shikishi (University of Hawaii Press 1993).

Right Under the Big Sky, I Don't Wear a Ha: The Haiku and Prose of Hosai Ozaki (Stone Bridge Press 1993)

One Hundred Frogs: From Matsuo Basho to Allen Ginsberg (Weatherhill 1995)

Basho's Narrow Road: Spring & Autumn Passages (Stone Bridge 1996)

Legends of the Samurai (Overlook Press 1996)

Saiko Ema: *Breeze Through Bamboo* (Columbia University Press 1997)

Yukio Mishima: *Silk and Insight* (M. E. Sharpe 1998)

Hagiwara Sakutaro: *Howling at the Moon and Blue* (Green Integer 2001)

Inhalt

»Eine lohnenswerte Auseinandersetzung mit universalem Gedankengut.«

Forum

Coverabbildungen vorbehalten

Das Tibetanische Totenbuch
Neu übersetzt und kommentiert
von Monika Hauf

Piper Taschenbuch, 192 Seiten
ISBN 978-3-492-23694-2

Das »Tibetanische Totenbuch« ist als Quelle uralter fernöstlicher Weisheit bekannt – es gilt als einer der wichtigsten Texte zur buddhistischen Spiritualität. Die Sutren des »Tibetanischen Totenbuchs« beschreiben die Wanderung der Seele zwischen Tod und Wiedergeburt. Monika Hauf legt eine leicht lesbare und kommentierte Neuübersetzung des Schlüsseltextes uralter buddhistischer Spiritualität vor.

PIPER

Leseproben, E-Books und mehr unter www.piper.de

Die Kunst des strategischen Handelns

Miyamoto Musashi

Das Buch der fünf Ringe

Klassische Strategien
aus dem alten Japan

Aus dem Japanischen
von Taro Yamada
Piper Taschenbuch, 160 Seiten
ISBN 978-3-492-30531-0

Dieses Grundlagenwerk der Schwertkunst ist eine klassische Anleitung für strategisches Handeln: Entscheidend für eine erfolgreiche Umsetzung von Miyamoto Musashis Weisheiten ist nicht die Technik, sondern die innere Haltung, geprägt durch Entspannung, Offenheit und Klugheit des Herzens. Musashi zeigt in zahlreichen anschaulichen Beispielen und Geschichten, wie kluges strategisches Handeln auch in der heutigen Berufs- und Arbeitswelt zum Erfolg führt.

PIPER

Leseproben, E-Books und mehr unter www.piper.de